깨달음의 길

숙고
명상

일러두기

- 이 책은 2020년과 2021년에 저자가 매체에 게재한 글과 '휴앤심' 명상 밴드에 게재한 글을 모아 엮었으며, 이 책에 등장하는 사례는 저자의 치료 경험을 토대로 재구성하였음을 밝힙니다.
- 경전 제목은 『 』로 묶었습니다.
- 국립국어원의 어문 규범을 기준으로 삼되 용례가 없는 경우에는 관용적 표기를 따랐습니다.

깨달음의 길
숙고 명상

알아차림 너머 삶을 바꾸는 내면의 지혜

최훈동 지음

담앤북스

마음먹은 대로 되지 않는 삶입니다. 그러나 마음 쓰는 대로 펼쳐지는 것이 또 삶입니다.

눈부신 현대 과학 문명의 발전에도 불구하고 인종 차별, 정치적 갈등, 투쟁, 독재 권력의 무자비함, 아동 학대, 성폭력, 존속 살인, 자살 등이 끊이지 않고 있습니다. 이 모든 문제들의 이면에는 마음의 문제가 도사리고 있습니다. 바르지 못한 신념과 과도한 욕망, 그리고 제어되지 않는 분노가 사회적 고통을 야기합니다. 정신 건강의 중요성이 갈수록 커지는 이유입니다. 마음의 건강이 건강한 가정과 사회를 만드는 초석이기 때문이지요.

기성 종교가 수천 년간 외친 세상의 구원은 현재까지도 이루어지지 않고 있습니다. 미륵하생이나 예수재림까지 기다려야 할까요? 종교에만 매달릴 수 없다는 것이 현대인들의 자각입니다. 이런 연유로 명상은 서구에서 더욱 각광받고 있습니다. 동양 정신과 서양 정신을 대표하는 '명상'과 '정신 치료'는 인간의 고통을 다룬다는 점에서 같습니다. 고통의 해결이라는 것이 자칫 어렵고 먼 개념으로 느껴질 수도 있습니다. 그러나 삶이 힘들고 버거운 사람에겐 절실하게 풀어야 할 실재적 문제이기에 삶을 바탕으로 우리의 내면을 풀어내는 일이 중요하고 꼭 필요한 일이라 생각됩니다.

이 책은 명상과 정신 치료의 정수를 녹여 내어 삶의 질을 높이고 나아가 자신을 치유하고, 진정한 자기로 깨어나 온전히 사는 법을 펼쳐 보이고자 합니다. 기존 불교 명상의 가르침을 현대 심리 치료적 견지에서 재해석하여 깊이 숙고하고 성찰하여 스스로 깨달을 수 있도록 꾀했습니다.

고요히 사유하는 숙고 명상은 불교의 '문사수' 세 가지 지혜 가운데 사혜에 해당합니다. 보고 들은 다음 사유를 통해 자신의 것으로 소화시키는 과정이지요. 이 책은 삶의 본질을 들여다보고 탐구하려는 이들에게 좋은 길잡이가 될 것입니다. 명상을 배운 이들이 삶이 근본적으로 변하지 않았다고 느낀다면 그것은 사유의 단계를 밟지 않았기 때문입니다.

이 책은 저자의 50여 년 불교 스승인 대승 불전과 선어록, 초기 불전을 바탕으로 합니다. 미얀마의 양곤 사원과 스리랑카의 캔디 사원의 화려함보다는 화엄사 각황전과 오대산의 중대 적멸보궁이 더 영적 깨우침에 도움이 되었습니다. 월정사의 전나무 숲길과 계곡, 동해안 암자의 산신각과 캄보디아 앙코르 와트의 유적들, 인도의 보드가야 보리수와 남인도 명상 대학의 풀밭 향기도 이 책 깊은 곳에 깔려 있습니다. 같은 이유로 지리산 토굴이나 히말라야 동굴보다 이 가슴속에 진정한 법당이 있고 진정한 성소도 이 마음 안에 있음을 자각하였습니다. 진정한 영적 순례는 성지 순례를 하는 것이 아니라 마음에 대한 깊은 사유와 숙고를 통한 내면의 순례임을 깨닫습니다.

모든 종교는 하늘처럼, 햇빛처럼 누구에게나 공유되고 관통하는 진리를 가졌습니다. 문화적 차이, 언어적 차이 등으로 다른 옷들을 걸쳐 입어 전혀 다른 종교처럼 되었지만, 모두 진리를 추구한다는 점에서 그 본질은 크게 다르지 않습니다. 따라서 종교의 다름이 진리의 다름을 결정할 수 없다는 것도 자명합니다. 진리는 시대를 떠나, 언어를 떠나 일치하여야 합니다. 그것은 삶을 떠나지 않은 진리여야 합니다. 진리는 종교나 종파라는 울타리를 세울 수 없는 것입니다.

동양의 예지와 서구의 통찰을 아우른 이 책이 나오기까지 2020년 한 해 동안 지면을 할애해 주신 현대불교 신문사에 감사드립니다. 이 책은 2019년에 펴낸 『내 마음을 안아주는 명상 연습』의 심화본이기도 합니다. 독자의 눈높이에서 좋은 질문을 해 준 편집자의 노고를 치하하며, 무엇보다 구도의 여정을 함께 한 '휴앤심' 명상 회원들과 깨달음의 깊이를 더해 준 가족과 마음 앓이를 하고 있는 환우들에게 특별한 감사와 사랑을 보냅니다.

2022년 새해 아침
휴앤심 연구소에서
운강 두 손 모음

1장 마음 다루기 첫걸음

2장　자신과 대면하기

마음 치유 연습

4장 깨어남, '참 나'의 삶으로

마음 다루기
첫걸음

아무리 힘든 상황이 닥쳐도
우리에겐 헤쳐 나갈 힘이 있습니다.
우리의 마음을
변화시킬 수 있습니다.

1

진정한 '나'로의 길,
명상

'명상'은 동양의 마음 치료법이고 '정신 치료'는 서양의 마음 치료법입니다. 양자 모두 마음의 고통을 해결하여 평화와 행복에 이르게 한다는 점에서 같습니다. 불교 또한 마음을 잘 이해하고 다루어 마음의 모든 번뇌가 소멸한 해탈의 경지를 지향한다는 점에서 위 둘과 같습니다. 즉 명상, 불교, 정신 치료는 마음공부라는 공통점을 가지고, 우리의 마음을 공부와 노력으로 변화시킬 수 있다고 말합니다. 아무리 힘든 상황이 닥쳐도 우리에겐 헤쳐 나갈 힘이 있는데 그것을 사용하지 못하고 있을 뿐이라는 것이지요.

뇌과학의 발전으로, 유년기 이후에는 변화할 수 없고 재생 불가능하다 여겼던 뇌세포들이 '신경 가소성'이라는 특성으로 무한히 변화하며 새로운 신경 회로들을 만들어 낸다는 것이 입증되었습니다. 특정한 환경 요인의 변화가 현존하는 신경계의 연결을 수정해 행동과 인지를 바꿀 수 있다는 것이지요. 어떤 상황에 있더라도 내면을 조절할 수 있다는 명상의 인식과 일치합니다.

이제부터 '명상'과 '불교', 서양의 '정신 치료'를 융합한 마음공부를 통해 내면의 지혜와 자비를 일깨워 진정한 나로서 살아가는 길을 차근차근 밟아 나가려고 합니다. 마음을 잘 이해하고 다스리고 길들이는 마음공부의 여정은 마음이 아픈 이에겐 치유의 여정, 마음이 괴로운 이에겐 평화의 여정, 마음이 불행한 이에겐 행복의 여정이 될 것입니다.

＊ 명상·정신 치료·불교는 모두 '마음공부'

인도에서 명상은 5,000년의 역사를 가졌다고 볼 수 있습니다. 인더스 문명 유적지에서 발견된 좌선하는 형상의 조각이 이를 뒷받침합니다. 서쪽으로부터 도래한 아리안족이 원주민들 위에 군림하며 토속 사상과 서구 사상을 융합한 브라마니즘이 형성되었는데, 그 경전이 『베다』입니다. 부처님 당시에 이미 우파니샤드 철학이 꽃을 피웠는데 『바가바드 기타』 등을 보면 내용이 불교와 거의 비슷해 놀라게 됩니다. 붓다는 불교를 기존의 힌두이즘과 요가 명상을 배제하고 완전히 새로운 것으로 만든 것이 아니라 기존의 사상과 명상 체계를 충실히 공부하고 익힌 토양 위에 새로이 하나를 추가했습니다. 이것이 바로 연기관법입니다. 불교 명상의 핵심인 연기관법은 차차 상세히 다루기로 하겠습니다.

명상 'meditation'의 어원 라틴어 meditatio는 심사숙고, 묵상, 심신 수련을 뜻하는 말입니다. 불교에서는 명상을 선禪으로 표현하는데, 선은 중국 역경 학승들이 산스크리트어 디야나dhyana를 소리 나는 대로 선나禪那로 번역한 것이 나중에 나那 자가 탈락하여 선이 되었습니다. 역경승들은 또 이를 '정려(고요히 생각함)', '사유수(사유하며 닦음)'로 번역했습니다. 우리가 익히 아는 '언어를 떠난', '생각을 없애는' 명상과는 거리가 있습니다.

명상은 인도나 불교에만 있는 게 아닙니다. 각기 표현은 달라도 기독교에는 묵상이나 관상, 이슬람교에는 수피즘, 유대교에는 카발라 등의 수련법이 있습니다. 인도의 요가, 중국의 기공이나 우리나라의 단학 수련 등도 포함됩니다. 그러니 선은 불교 명상을 지칭하고, 명상은 모든 걸 포함하는 명칭이라고 할 수 있습니다.

이렇게 다양한 명상 유파를 일일이 거론하기보다, 공통적인 부분을 요약해 보겠습니다. 명상의 두 날개 '집중의 요소'와 '관찰의 요소'입니다. 전자를 지止, 후자를 관觀이라 하여 예로부터 지관병수止觀並修라 하였습니다. 새가 날려면 두 날개를 동시에 저어야지요. 생각을 멈추고 고요히 관찰함이 함께할 때 마음은 밤하늘의 별처럼 밝고 반짝반짝 깨어 있는 상태에 이릅니다. 성성적적惺惺寂寂입니다. 집중을 통해 마음이 고요해진 상태에 들고 관찰을 통해 지혜와 깨달음(통찰)에 이르는 길이 명상입니다.

이제 현대의 정신 의학 및 심리학과 동양의 심리 치료인 불교의 명상법을 조화롭게 아우르면서 마음을 잘 다루는 법을 함께 탐구해 나가기로 하겠습니다.

* 치유의 첫 걸음, 마음 바라봄

우리는 삶 속에서 수많은 파도를 만나며 삽니다. 삶에서 만나는 파도는 모두 내가 감당해야 할 몫이고 그 극복도 내가 책임져야 합니다.

아기가 아프면 곁에서 지켜보는 부모의 마음이 아기의 아픔보다 더 큽니다. 그러나 부모가 마음 아파한다 해서 아기의 병이 낫지 않습니다. 부모가 대신 아파줄 수도 없습니다. 이처럼 누가 대신 해결해 주기를 기대하지만 그것이 허망한 기대임을 우리는 경험하곤 합니다. 아기의 아픔을 자세히 들여다보아야 하는 이는 아기의 병을 잘 보고 정확히 진단하여 처방하는 의사입니다. 부처님을 대의왕이라 한 것도 같은 맥락입니다. 부처님도 마음의 괴로움을 겪었기에 마음의 대의왕이 되신 것이지요.

이제 '마음 바라보는 이 한길이 모든 해결책 가운데 으뜸이자 전부'라는 달마조사의 말을 굳이 빌리지 않아도 괴로운 마음을 해결하려면 자신의 마음을 잘 보고 이해하는 게 우선할 일인 건 분명해 보입니다.

자신을 잘 들여다보는 것만으로 해결되지 않는 고통도 많습니다. 상호 관계를 파악하기 위해 남의 마음도 잘 보아야 합니다. 나 홀로 편안하다는 것은 사실이 아닌 경우가 많습니다. 일시적 평화 속에 있다가 관계의 돌풍이 몰아치면 어느새 다시 감정의 소용돌이로 휩쓸리곤 합니다. 감정이 평온하게 늘 유지되는 평정심에 도달하려면 감정이 요동치는 경우를 잘 보아야 합니다. 많은 고통이 관계에서 비롯된 경우가 많습니다. 우리는 흔히 환경이나 직장 또는 부모, 배우자, 자식 탓을 하며 신세 한탄을 하지요. 사실 경제적 고통이나 재난도 관계에서 옵니다. 내 안에서 단독으로 일어난 문제가 아니라 상호 관계, 상호 작용에서 발생한 것입니다. 이런 것들을 함께 보아 가노라면 어느새 마음의 힘이 커지면서 웬만한 자극에 감정이 무너지는 일이 줄어들게 됩니다.

* 마음의 힘 배양하기

감정에 무너지지 않는 마음의 힘은 어떻게 배양할 수 있을까요? 참아야 할까요? 참으면 병이 됩니다. 표출해야 할까요? 즉시 표현하면 시원하긴 하지만 근본적으로 그 감정이 꺼지긴커녕 더 드세집니다. 인류가 생존한 이후 사용했던 대표적인 대응 방식은 두 가지 입니다. 피하거나 싸우거나.

호랑이와 맞닥뜨렸습니다. 어떻게 하시겠습니까? 도망치거나 싸우는 두 가지 방법밖에 없어 보이는데요. 제삼의 방법이 있을까요? 예, 있습니다. 호랑이와 대화를 나누고 친구가 되는 것입니다. 쉽지 않겠지요. 선사들은 '호랑이 입에 머리를 집어넣으라'고 말합니다. 온몸이 삼켜지는 길인데요. 잡아먹으려 으르렁거리는 호랑이 입에 머리를 들이미는 길입니다. 가능하시겠습니까?

호랑이가 무엇인가요? 고통입니다. 머리를 들이민다는 것은 고통을 피하지 않고 직면한다는 것이고 삼켜지는 것은 고통을 충분히 경험한다는 것이지요. 고통스럽다고 피하거나 무지하게 참기만 해서 될 일이 아닙니다. 호랑이 입안에 삼켜지기 위해서는 바라보는 힘, 관찰력이 커져야 합니다. 관찰을 잘 하려면 집중력이 커져야 합니다. 명상 시작 무렵엔 호흡에 집중하려 해도 금방 잡념으로 빠지곤 합니다. 호흡을 놓치지 않고 잘 보려면 호흡에 집중하는 연습이 필요합니다. 집중력과 관찰력을 키우려면 역시 명상하는 게 으뜸이라는 것이 많은 서구 학자들이 동양 명상을 연구하여 내린 결론입니다. 집중력과 관찰력이 커지면 창의력까지 높아진다는 연구이지요.

마음의 현주소
깨닫기

자, 눈을 감고 자신을 들여다 봅니다. 마음이 어떤가요?

편안한가요?

아니라면, 현재 내 마음이 어떤가요?

복잡하고 수많은 걱정 근심과 상념들이 오가고, 마음이 들끓고 뒤엉켜 실타래 헝클어진 듯하고, 앞날은 불안하고 출렁이며, 비탄, 슬픔, 분노, 원망, 후회, 비교, 질투, 실망, 절망감으로 가득하고, 그만 살고 싶고 살아서 무엇하나 회의하고, 아무 의미를 못 느끼겠고 암울하고… 이 중 어느 하나 혹은 여럿이 해당되는군요. 또는 모두 다인 경우도 있고요.

괜찮습니다. 바로 여기, 이 마음의 현주소에서 우리는 깨달음의 여정을 시작합니다. 현재 이 마음에서 깨달음은 시작됩니다. 내 마음이 이러하구나라고 아는 것 자체가 깨달음의 시작입니다.

※ 명상 중 경험과 깨달음을 기록합니다.

....

....

....

....

....

....

2

명상의 시작,
호흡 바라보기

　마음을 잘 이해하고 다룰 수 있는 탁월한 방법, 명상의 세계에 한 걸음 더 나아가겠습니다.

* 분명한 의도와 목표 세우기

　여행을 하려면 목적지를 정하고 그곳에 이르는 지도와 안내서가 필요하듯이, 내면의 여행도 도달하고자 하는 목표와 의도를 분명히 하고 바른 방법으로 해야 합니다. 걷기 명상을 예로 들어 보겠습니다. 걷기 명상을 할 때에는 목표한 지점을 향해 걷겠다는 의도와 함께 걸음을 떼고, 멈추겠다는 의도를 세운 후 멈추고, 돌겠다는 의도를 세운 후 서서히 돌아 다시 걷습니다. 목표가 분명하지 않으면 명상은 흐지부지 중단됩니다. 또한 명상을 통해 무엇을 얻으려 하는지, 그 의도가 타인에게 해가 되지 않는 선한 것인지, 진정한 의도는 무엇인지 숙고해 보는 것이 중요합니다. 그렇지 않으면 엉뚱한 결과를 낳게 됩니다.

마음의 평정을 찾고 몸과 마음에 예속된 삶, 욕망과 분노에 지배받는 삶에서 벗어나겠다는 목표를 명확히 세우십시오. 몸과 마음을 부리는 진정한 주인이 되겠다는 의도가 분명하고 강력하지 않으면 조그만 불편에도 참지 못하고 감각적 쾌락과 충동에 휩쓸리는 노예 상태로 다시 복귀합니다. 늘 그날이 그날이고, 잡념은 잡념이고, 갈등하고 번민하는 일상이 되고 맙니다.

나에게는 괴로움에서 벗어날 수 있는 잠재력이 있음을 확고하게 믿어야 합니다. '나는 변할 수 있다'고 생각하는 것과 '나는 틀렸어, 변할 수 없어, 끝이야'라고 결론 내린 것과는 천지 차이입니다.

*** 호흡 명상 연습**

처음에는 명상을 5분씩 해 나갑니다. 한 번에 길게 하는 것보다 5분씩 여러 번 수시로 하는 게 좋습니다. 티끌 모아 태산이고 천 리 길도 한걸음부터입니다. 중요한 것은 결심이고 이것은 분명한 의도와 목표를 정해야 가능합니다.

의도와 목표를 세우듯 똑바로 허리를 세우고 온몸의 긴장을 풀며 앉아 봅니다.

이제부터 명상을 시작하겠다는 의도와 함께 바르게 앉고 어깨와 목을 한껏 위로 치켜세웠다가 탁 놓습니다. 허리는 반듯하게 하되 다른 모든 부위의 긴장을 내려놓습니다. 눈을 감고 호흡을 바라봅니다. 사람, 사물, 일 등 밖으로 향하던 주의를 호흡으로 돌려 호흡을 바라봅니다. 이때 마음이 산만하고 어수선하고 욕망이나 분노에 매여 있다면 먼저 심호흡을 몇 차례 하면서 호흡에 집중하는 것이 좋습니다. 내쉴 때마다 몸의 긴장을 풉니다.

그런 다음 보통 호흡으로 내려놓고 호흡을 바라봅니다. 현재의 마음과 호흡을 바라봅니다. 거친지 미세한지, 빠른지 느린지, 무거운지 가벼운지… 호흡의 모양을 바라봅니다. 호흡과 마음이 연결되어 있음도 알아차립니다. 마음이 불편하면 호흡도 거칠고, 마음이 편안하면 호흡도 고요해지는 걸 느껴 봅니다.

이제 호흡을 코 입구에서 느껴 봅니다. 들숨과 날숨의 감각 차이도 느껴 봅니다. 호흡이 규칙적으로 편안해지면 몸의 감각을 느껴 봅니다. 어느 특정 부위의 감각이 뚜렷하면 그 감각을 잠시 부드럽게 바라봅니다. 특정 감각이 없다면 머리끝부터 발끝까지 차례대로 감각을 살펴봅니다. 손바닥의 감각도 느껴 봅니다. 차가운지 따뜻한지, 가벼운지 무거운지, 저린지… 감각에도 집중해 봅니다.

몸 전체의 감각도 느껴 봅니다. 몸이 무거운지 가벼운지, 결리는

지 쑤시는지, 아픈지 가려운지 등을 느낄 수 있습니다. 통증이나 가려움이 있으면 자신도 모르게 몸을 움직이거나 긁으려는 충동이 일어남도 알아차립니다. 이러한 과정을 낱낱이 알아차리는 게 마음다루기의 첫걸음이 됩니다.

＊ 주의 되돌리기

호흡을 바라보다 잡념 속으로 빠졌다고요? 바로 이것이 우리 마음의 현주소입니다. 마음은 늘 과거로 미래로 현재로 분주히 돌아다닙니다. 내 의지와는 무관하게 떠오르는 생각들은 과거의 경험에 뿌리를 두고 있습니다. 그 경험에 대한 기억과 감정을 바탕으로 미래까지 예측하고 있지는 않나요? 실패할까 봐, 상처받을까 봐 미리 최악의 시나리오를 상상하며 예행연습하면서 마음의 에너지를 소모합니다.

많은 사람들이 현재 가장 관심 있는 대상에 묶여 지냅니다. 어제 생각했던 사람, 일, 사물 등을 반복해서 생각하고 또 생각합니다. 그런 순간들이 하루 중 상당한 시간을 차지하고 잠시도 그것을 떠날 수 없다면 그것에 예속되어 있다, 중독되어 있다고 합니다. 대상이 사람이건 동물이건, 게임이건 도박이건, 술이건 섹스건, 분노건 비탄이건 반복해서 묶여 있다면 그 대상에 중독된 것입니다. 자유가 없습니다. 중독이 쾌감을 주는 것 같지만 그 배경을 살펴보면 과거의 아픔에서 말미암은 경우가 대부분입니다. 금방 고통을 잊어버리게 만들어 주는 모든 것이 중독의 대상이 됩니다. 중독의 본질은 불안, 두려움, 좌절감, 분노, 죄책감, 무가치함 등 불쾌한 경험과 감정이고 우리는 그 감정들에 온통 주의를 빼앗기고 있는 것입니다.

명상의 첫걸음은 이러한 주의를 호흡으로 되돌리는 훈련입니다.

* 호흡이라는 닻

배를 정박시키려면 닻을 내리듯이 산란한 마음을 가라앉히려면 호흡에 집중해야 합니다. 회광반조廻光返照라는 말이 있습니다. 빛을 돌이켜 안으로 비춘다는 뜻으로 외부 대상(사물, 일, 사람)으로 향했던 주의를 내면으로 되돌리는 것이지요. 밖으로 뺏기던 에너지가 내부로 향하니 에너지 소모가 없습니다. 명상 후에 몸과 마음이 가벼워지며 피로가 회복되는 이유이기도 합니다. 명상은 주의를 과거 회상이나 미래 걱정에서 현재로 돌리는 연습입니다.

호흡은 과거의 것도 아니고 미래의 것도 아닙니다. 호흡을 닻으로 삼아야 하는 이유입니다. 호흡에 집중하려면 호흡을 잊지 말고 잘 보아야 하며, 호흡을 놓칠 때마다 다시 호흡으로 돌아오는 오뚝이 정신이 필요합니다. 호흡 다음으로 몸의 감각도 중요한 관찰 대상입니다. 호흡을 잘 볼 수 있으면 몸과 마음의 상호 작용(느낌-생각-느낌)을 면밀히 보는 힘도 커지고 조금 더 깊이 보게 됩니다. 생각과 느낌(감정)의 상호 작용도 실시간으로 볼 수 있다면 마침내 과거, 현재, 미래를 잇는 마음의 형태가 직선이 아니라 나선형 다중 회로처럼 연결되어 있음을 알 수 있습니다. 대상을 접촉한 여섯 감관, 눈, 귀, 코, 혀, 몸, 마음이 중층적으로 반응하며 작동함을 봅니다. 과거의 경험이 온몸에 각인되어 몸의 감각을 만들고 현재와 미래를 판단하고 예측하게 만듦도 볼 수 있습니다. 이 순환 고리를 해체하지 않고선 현재에 온전히 살 수 없습니다. 깊이 보게 되면 과거의 부정적 습관의 힘이 느슨해지면서 마침내 그로부터 벗어나게 됩니다.

'우리는 어렸을 적에 흙탕물인 대야를 가지고 논 적이 있습니다. 흙탕물을 빨리 가라앉히려고 흔들어 대면서 '가라앉아라, 가라앉아라' 외쳐 보았지만 어떻게 되었나요? 더 혼탁해졌지요. 이처럼 잡념을 없애려 들면 더 산만해지고 잡념이 드세집니다. 그러니 그냥 놔두고 바라보면 됩니다. 말처럼 쉽지는 않습니다. 하지만 어렵지도 않습니다. 몸에 관심과 에너지를 쏟는 만큼 마음에도 관심을 두고 시간을 낸다면 가능합니다. 그래서 명상은 밥 먹듯이 매일 꾸준히 하는 게 좋습니다.

호흡 명상

소파나 의자에 편안하게 앉고 눈을 감습니다.

움직이지 않고 조용히 앉아 있노라면 유일하게 움직이는 호흡을 발견할 수 있습니다. 1분간 호흡에 집중하여 들숨과 날숨을 느껴 보세요.

이제 똑바로 허리를 세우고 온몸의 긴장을 풀고 이완하여 앉아 봅니다. 들이쉬고 내쉬면서 긴장을 풉니다. 호흡을 바라볼 때는 엉덩이를 최대한 의자 뒤에 붙여서 허리나 등을 기대지 않는 게 좋습니다. 두 발은 바닥에 안정되게 붙이고 앉습니다.

들숨과 날숨을 분명히 바라봅니다. 명상의 출발은 호흡 바라보기입니다. 호흡에 주의를 집중하고 호흡을 바라봅니다.

어느새 잡념 속으로 빠져 있군요. 괜찮습니다. 생각하고 있었음을 알아차린 순간 다시 호흡으로 돌아옵니다. 호흡을 명상의 기준점으로 삼으세요.

※ 명상 중 경험과 깨달음을 기록합니다.

....

....

....

....

....

....

3

계행,
마음 씻어 내기

명상을 방해하는 혼탁한 마음, 집중이 안 되고 산만한 마음, 불안하고 괴로운 마음은 온갖 욕망과 분노에 기인합니다. 붓다는 바른 명상을 하기 위해 '계행'이 바탕이 되어야 한다고 강조합니다. 몸과 마음을 항상 살피고 삼가는 것을 말합니다. 혼탁한 마음을 맑히는 물 없는 목욕이지요. 올바른 언어와 올바른 행동 그리고 잘 집중된 마음으로 자신의 마음을 지켜보아야 마음이 맑아진다는 것입니다.

한 바라문이 찾아와 질문합니다.

"세존이신 고타마여, 사람들은 갠지스강이 많은 사람을 해탈시킨다고 생각합니다. 그래서 갠지스강에서 많은 사람이 악업을 씻습니다."

세존께서 대답하시길,

"갠지스강이 무슨 소용인가? 강물은 악업을 저지르는 자를 씻지 못하네. 그 잔인하고 죄 많은 사람들을…. 바라문이여, 계행에 참으로 목욕하라. 거짓을 말하지 않고 생명을 죽이지 않고 주지 않는 것을 빼앗지 않고 믿음을 가지고 인색하지 않으면 갠지스강으로 갈 필요가 있을 것인가?"_『맛지마 니카야』

인도에 가면 지금도 갠지스강에서 평생 지은 악업을 참회하고 씻어 내려는 사람들을 볼 수 있습니다. 2,600년 전이나 지금이나 갠지스강의 목욕처럼 종교적 신념에서 비롯한 단순한 행위나 의식이 악업을 정화해 줄 수는 없습니다. 붓다는 이것을 옷감에 비유했습니다. 때 묻은 옷감에 염색을 하면 색이 지저분하게 나옵니다. 그러므로 그 전에 먼저 옷감을 잘 세탁해야 하지요. 우리도 그러해야 합니다. 그래서 명상이 잘 안 될 때는 자신의 행동과 현재 삶이 어떠한지 살펴보는 게 좋은 처방이 될 수 있습니다.

나만을 아끼고 나를 내세우려는 마음, 인정받지 못하고 존중받지 못했다고 분노하는 마음을 바라보고 있노라면 욕심과 분노로 들끓던 마음이 흙탕물이 가라앉듯 점점 고요해짐을 느끼게 됩니다. 마음이 고요해지면 환희로 마음이 뿌듯해져 행복감이 생겨나고 몸도 가벼워집니다.

* 마음 씻어 내기

아침에 일어나 물로 세수하고 몸을 씻는 일은 정말 기분 좋은 일입니다. 지난밤의 피로와 땀을 말끔히 씻어 내고 새로운 날을 시작하는 설렘이 있지요.

마음의 피로와 찌꺼기는 무엇으로 닦을까요? 명상이 바로 마음의 목욕입니다. 깨어 있는 순수한 주시, 바라봄을 물 삼아 마음을 닦아 냅니다. 잘 본다는 것은 마음의 먹구름들을 잘 성찰하고, 마음에 가라앉은 찌꺼기를 잘 깨닫는 행위입니다. 지금 내 마음이 어떤 욕망으로 차 있다면 그 욕망을 분명하게 보고 알아차려야 합니다.

불안한 마음으로 흔들리고 있다면 그 불안을 지켜봅니다. 미움으로 신음하고 있다면 그 분노를 안아 주고 들여다봅니다. 깊은 우울로 가라앉아 있다면 그 절망의 깊은 곳을 어루만져 줍니다. 아기를 보살피는 부모님의 마음처럼 지금 이 마음을 잘 살피어 잘 돌보는 것, 이것이 명상입니다.

* 아이처럼, 오뚝이처럼

명상을 처음 시작하는 사람들은 "움직이지 않고 바라본다는 게 지루하고 재미없고 발만 아프다. 오래 앉으면 온몸이 결리고 쑤신다. 긴장이 풀릴 줄 알았는데 몸살이 났다."고 불평합니다. 괜찮습니다. 당연한 일이기 때문입니다.

명상 좀 해 보려고 결심했건만, 명상을 시작하면 어김없이 찾아오는 불청객이 있습니다. 잡념, 통증, 졸림. 이 셋이 명상을 가로 막는 가장 큰 방해꾼입니다. 이로 인해 짜증나고 불편해진 마음은 그 상황으로부터 도망치려 듭니다. 이렇게 마음이 몸에 대해 반응하는 것을 바라봅니다. '아, 마음이 이렇게 반응하는구나. 불편을 피하려고 하는구나.' 하고요.

호랑이를 잡으려면 도망가서는 안 됩니다. 용기를 내어 대면해야 합니다. 대면한다는 것은 생각이 일어나면 생각하고 있음을 알아차리고 통증이 오면 통증을, 졸리면 졸림을 알아차리고 바라보는 것입니다. 그만 일어나고 싶은 충동도, 쾌감과 편함으로 향하는 마음도 바라보고 알아차리는 것이지요. 몸과 마음에서 실시간으로 일어나는 모든 것들은 관찰 대상일 뿐, 방해꾼이 아닙니다. 무슨 일이든 시작은 서툴고 힘들기 마련입니다. 자전거 타기를 배울 때도 넘어지고 다치기까지 하다가 점차 제대로 타게 되고 나중엔 두 손을 놓고도 자유자재로 타게 됩니다.

그래서 명상을 하려는 의도가 무엇인지, 목표가 분명한지 자신에게 자꾸 물어야 합니다. 목표가 분명하고 의도가 확고하면 어떤 실패에도 굴하지 않고 오뚝이처럼 일어나 목표를 향해 전진할 수 있습니다. 오뚝이가 되기 어렵다고요? 우린 모두 오뚝이였습니다. 지금 막 걸음마를 시작한 돌 무렵 아이를 떠올려 보십시오. 소파에 의지해서 한 발 한 발 딛다가 넘어집니다. 그러나 곧장 다시 일어나 또 한 발 딛고 넘어지는데 조금도 화내거나 창피해하거나 싫증 내지 않습니다. 넘어지고 다시 일어나고를 반복하다 마침내 여러 걸음을 떼고, 아장아장 걷게 됩니다. 걷는 데 몰입하여 마침내 걸음마를 숙달시키는 과정은 마음공부 방법과 똑같습니다. 물론 훨씬 어렵고 긴 시간의 노력이 필요할 수도 있습니다. 그러나 자신의 괴로움을 해결하는 데 이런 바른 노력 외에 극적인 묘법이 있을까요?

어린아이처럼 이해관계를 따지지 말고, 실망이나 좌절도 하지 않고, 호기심 어린 마음으로 명상해 나가십시오. 조금씩 명상하는 시간이 늘어나면서 명상을 통해 얻는 즐거움들을 맛보게 됩니다.

일어서서 잠시 호흡을 가다듬습니다.

앞의 어느 지점까지 걷고, 멈춰서 돌아서겠다는 목표를 세웁니다.

출발점으로 되돌아오면 다시 멈추고 돌아섭니다.

이제 한 걸음 한 걸음 온전히 자각 상태에서 걸어 보세요.

왼발과 오른발이 분명히 바닥에 닿는 느낌에 주목합니다.

2분 정도 이렇게 걷습니다.

발을 들어올리고 내려놓는 두 단계의 움직임에 주의를 기울입니다.

2분 정도 이렇게 걷습니다.

이제는 한걸음이 들어올림-내밂-내려놓음의 세 단계로 이루어짐을 자각하면서 2~3분 천천히 걸어보세요.

※ 명상 중 경험과 깨달음을 기록합니다.

_____

_____

_____

_____

_____

_____

4

'너 자신을 알라'는
말

올림푸스에 산다는 열두 신보다 훨씬 많은 신들이 사는 나라. 매우 서민적인 신들이 사는 가장 인간적인 나라 헬라스. 서양 문명을 탄생시키고 서구 민주주의를 최초로 정립한 그리스의 원래 이름은 헬라스입니다. 2,500년 전에 이미 의족을 개발해 사용했고 두개골에는 뇌수술까지 시행한 흔적이 있을 정도로 철학뿐 아니라 수학, 의학에도 높은 발전을 이룬 헬라스의 이성은 신들과 교감을 통해 찬란한 헬레니즘 문화를 꽃피워 서양의 정신적 모태가 되었습니다.

헬라스인들에게 신들의 제왕인 제우스보다 더 존경받은 신이 아폴로입니다. 그를 모신 최초의 신전 아폴론은 시장의 중심에 위치합니다. 시장에는 대중 연설을 위한 연단이 있는데 그곳에서 진리를 설파하는 철인들에 의해 시민 의식이 고양되었습니다. 제우스에 대한 신앙보다 진리를 상징하는 아폴로를 더 중하게 여긴 헬라스인들은 인도인들이 그랬듯이 인간 심성의 여러 측면을 신들로 표현합니다. 에게해의 여러 섬에서 탄생한 신들의 이야기 속에는 수많은 인간 심성이 정교하게 묘사되어 있습니다.

* 자기 자신을 모른다

세계 문화유산 1호인 파르테논 신전도 제우스가 아닌 지혜의 여신 아테네를 모십니다. 파르테논 신전이 세계 문화유산 1호 자리를 차지하는 진정한 이유는 이곳이 아테네 시민들의 자발적 노동 제공으로 이루어진 민주적이고 평화적인 건축물이라는 점 때문입니다. 다른 거대한 석조 건축물들이 인간의 피와 땀을 강요받아 지어진 것과 대조적입니다. 지혜를 소중히 여기는 헬라스인들의 정신은 교육에서도 찾아볼 수 있습니다. 철학의 아버지 소크라테스는 기존의 소피스트들이 지식을 팔아 재산을 축재한 것과 달리 대가를 전혀 받지 않았습니다. 그 영향은 현대까지 이어져 그리스는 대학까지 무상 교육을 실시하며, 철저하게 대화와 토론으로 이루어지는 교육 방식을 추구하는 것이 특징입니다.

우리가 잘 아는 소크라테스의 금언은 '너 자신을 알라'이지요? 그런데 잘 알려지지 않은 진정한 금언이 있습니다.

"나는 한 가지밖에 모른다. '나는 아무것도 모른다'는 사실을."

시민들의 질문에 막힘없이 대답하던 그가 왜 모른다고 했을까요? 공자는 같은 시대에 이렇게 말합니다.

"내가 알지 못함을 아는 것이 진정으로 아는 것이다."

현자들의 생각이 동서를 떠나 이렇게 같을 수 있다니 경이롭기만 합니다. 선인들은 왜 모른다고 했을까요?

✻ 자신을 알아 가는 길

대부분의 사람이 극도로 괴롭거나 불안할 때 종교를 찾습니다. 그리고 더 절박하면 점쟁이나 무당을 찾습니다. 불확실함에 대한 불안 반응이지요. 드물게 정신적 순례의 여행을 떠나거나 심리 치료자를 찾기도 합니다만, 내담자들은 심리 치료자가 주술사나 점쟁이처럼 뭔가 시원한 해답을 줄 것이라는 환상을 품습니다. 상담자 또한 불안과 우울에 휩싸인 이들에게 뭔가 해 주려 하고 답을 주려 합니다.

하지만 이러한 태도는 고통의 의미를 깨닫는 기회를 잃게 만듭니다. 넘어진 아이가 스스로 일어날 기회를 박탈하는 것과 같지요. 이미 자신에게 갖추어진 자각과 치유의 능력을 간과한 것입니다. 마치 전능한 자가 피조물에게 은사하듯이, 심리 치료자의 능력으로 환자를 고치려 든다면 치료는 암초에 부딪치거나 부작용으로 표류

하기 마련입니다.

고통의 상황은 정신적으로나 영적으로 성숙의 기회가 왔음을 뜻합니다. 그동안 나름대로 행복의 길로 열심히 뛰었건만 무엇이 결여되어 이렇게 된 것인지 천천히 돌아볼 기회입니다. 심리 치료자는 고통의 무의식적 메시지를 잘 해석하여 전달할 수 있어야 하지만 그 시기와 방법이 문제입니다. 서둘러 해석을 하다가는 스스로 통찰하는 대신 지식만 늘리는 주입식 교육이 되기 때문입니다.

내담자는 스스로 가지고 있는 능력을 쓰려 하지 않고 고통을 피하거나 현실에 순응하려 듭니다. 이러한 내담자를 자립과 성숙의 새로운 상황으로 안내하는 길은 그를 존중하고 그의 모든 표현을 경청하며 공감적으로 수용하는 것입니다. 서두르지 않고 경이로운 눈길로 주의 깊게 지켜보되 내담자 스스로 자신을 잘 보고, 해결책도 찾을 수 있게 기다려 주는 치료자의 태도를 통해 내담자는 부모나 세상에 투사했던 불만과 원망을 되돌리기 시작합니다. 부모도 신도 별로 해 줄 게 없다는 것을 알아차리면서 스스로 채우며 나아가게 됩니다.

명상과 심리 치료는 남을 보는 게 아니라 자신을 보는 내면 여행입니다. 심리 치료나 명상이나 모두 외부에서 시선을 돌려 자신을 잘 보는 회광반조이며, 다른 것에 의지하지 않고 자신을 탐구 대상으로 삼는 자귀의自歸依입니다. 호흡을 보고, 몸의 감각을 보고, 걸음의 움직임을 보는 이유도 모두 마음을 잘 보고 잘 다스리기 위해서입니다. 마음이 몸과 행동을 좌우하기 때문입니다.

* '너 자신을 알라'

어떤 불편한 상황에 부닥칠 때, 우리는 즉각적 반응의 하나로 상대를 보고 탓하곤 합니다. 상대를 평가하고 분석하고 비난할 거리를 찾습니다. 거의 자동적으로 이러한 반응이 이루어집니다. 이것은 내가 불편한 원인을 밖에서 찾는 것입니다. 상대방 또는 상황이 자극을 준 것은 사실입니다. 그러나 자기 자신이 반응한 것 또한 사실입니다. 그렇지 않나요? 상대방과 외부 상황에 책임이 있다고 생각해서 환경을 바꾸고 상대를 조절하여 문제를 해결하려는 태도를 외향적 태도라고 합니다.

나는 놔두고 상대를 바꾸려 하면 다툼만 생기고, 관계가 뒤틀리고 심지어 끊어지기까지 합니다. 환경을 바꿔도 비슷한 사람, 비슷한 상황에 부딪히면 같은 결과가 나옵니다. 그 사람이 싫고 미워서 떠났지만, 살다 보니 비슷한 사람을 다시 만나는 상황이 되풀이되는 경우처럼 말입니다.

그래서 심리 치료는 내담자 또는 환자를 상담을 통해 변화시키는 내향적 태도를 취합니다. 마음이 불편해진 것은 결국 자신이 그렇게 만들었다는 자각입니다. 문제 해결의 열쇠가 자신에게 있는 것과 외부에 있는 것은 하늘과 땅 차이입니다. 외향적(환경적) 치료가 병든 잎새나 가지를 다스리는 것이라면, 내향적 자기 각성과 자기 변화는 근본적 뿌리를 다스리는 것과 같은 깊은 수준의 것입니다.

소크라테스가 "너 자신을 알라."고 강조한 이유, 고타마 싯다르타가 전륜성왕의 길을 마다하고 출가 사문의 길을 택한 이유이기도 합니다. '나는 누구인가?'라는 철학적 명제를 추구하기보다는 내 마음의 불안과 고통이 어떻게 일어났는가에 주목할 필요가 있습니다. 관념적 해석은 고통을 설명하는 것에 가까워 고통을 해결하기 어렵습니다. 심리학적 지식을 섭렵하는 것도 외향적이기는 마찬가지입니다. 그러므로 내 불안과 고통이 어떻게 발생하여 전개되고 있는지 차근차근 짚어 나가는 성찰의 과정이 필요합니다.

어떤 문제든, 그 문제가 발생한 과정을 낱낱이 보아야 제대로 해결할 수 있듯이 우리가 삶 속에서 겪는 마음의 고통도 그러한 연유의 과정이 있기에 발생한 것임을 숙고해 보아야 합니다. 연상을 통해 과거 경험을 떠올리고 그 상처가 현재와 미래에 어떻게 작용하고 있는지를 명확히 자각하면 통찰이 일어납니다. 이 통찰은 현재의 삶을 바꾸고, 관점을 바꾸고, 행동 양식을 바꾸고, 대인 관계의 태도를 바꾸는 강력한 힘을 발휘합니다. 더는 과거에 무의식화된 조건(카르마)에 지배당하지 않을 뿐 아니라, 그렇게 지배받고 속박되었음을 명확히 깨달은 후엔 오히려 그런 조건을 활용할 수 있게 됩니다.

명상은 신령스러운 그 무엇을 찾는 게 아닙니다. 영적인 상태는 신비한 체험이 아니라 자신의 내면을 바라보고 깨닫는 것을 말합니다. 내면의 욕망과 분노, 무지를 성찰하고 깨달으면 영적 각성이 일어납니다. 보다 밝고 선한 마음 상태로 거듭 태어나는 것이지요. 명상으로 내면의 순례를 시작하는 순간 여러분은 모두 영적인 순례자입니다. 이 길은 밖으로 치닫는 마음을 쉬고 자신을 돌아보고 알아 가는 길입니다. 마음이 본래 고요를 되찾으면 내면은 자비로 충만한 곳이자 고귀한 깨달음의 빛이 있는 성전이 됩니다.

지금 여기,
나를 바라보기

고요히 앉아 허리를 곧게 펴고 눈을 살며시 감습니다.

깊고 천천히 호흡하면서 지금 여기 있는 자신을 느껴 보세요.

'지금 나에게 무엇이 일어나고 있는가?'

'지금 일어나고 있는 일이 무엇이든, 나는 허용하고 있는가?'

이 두 가지 질문을 떠올리며 잠시 멈추고 호흡을 바라보세요.

생각, 판단, 비난이 떠올라도 그것이 해묵은 습관임을 알아차립니다.

지금 무엇이 일어나는지 호기심으로 바라보세요.

무엇이 일어나든 모두 받아들이고 인정합니다.

호흡은 이리저리 생각으로 배회하는 마음을 지금 이 순간으로 잡아 주는 중요한 역할을 합니다. 잠시 흐트러져도 "괜찮아." 하고 오뚝이처럼 다시 호흡으로 돌아오세요.

점점 호흡이라는 닻이 견고하게 삶의 중심에 자리 잡게 될 것입니다.

※ 명상 중 경험과 깨달음을 기록합니다.

....

....

....

....

....

....

5

명상의 두 날개,
집중과 관찰

명상을 무념무상, 생각 없애기로 여기는 경우가 많습니다. 반은 맞고 반은 틀렸습니다. 명상의 두 날개는 집중(지止)과 관찰(관觀)입니다. 집중의 측면을 강조하면 무념무상이나 생각 없애기가 맞지만 생각을 적극적으로 활용하는 관찰의 측면에선 잘못된 것입니다. 예로부터 이 두 가지 요소를 포함하여 명상을 정혜쌍수, 지관병수라 하였지요. 순우리말로는 멈춤과 바라봄으로 표현합니다. 불교에서 깨달음과 열반으로 이끄는 여덟 가지 바른 길, 팔정도 가운데 정정은 집중의 길이고 정념은 관찰의 길입니다.

'마음 챙김'으로 널리 쓰이는 사띠sati는 영어로 mindfulness로서 알아차림, 주시, 지켜봄, 새김 등으로도 번역됩니다. 사띠는 관찰의 요소입니다.

바른 집중은 선정으로 연결되어 마음을 고요, 기쁨, 행복, 평온, 평정 상태로 이끌고, 바른 관찰은 지혜로 연결되어 통찰과 깨달음으로 안내합니다.

* 몸과 마음, 행동 관찰하기

바른 관찰에는 네 가지 방법이 있습니다. 이를 사념처관이라고 합니다. 관찰 명상은 네 가지 명상 주제인 신, 수, 심, 법(몸, 느낌, 마음, 사실)을 관찰 대상으로 삼습니다.

우선 조용히 눈을 감고 앉으면 유일하게 관찰되는 움직임이 있습니다. 바로 호흡입니다. 호흡을 시작으로 몸의 감각, 마음의 기분, 생각, 감정을 차례로 지켜보고 마지막으로 삶에서 부딪치는 일이나 사건을 관찰합니다. 앉아서 명상할 때뿐만 아니라 걸을 때나 서 있을 때, 누워 있을 때, 말할 때나 침묵할 때, 먹고 마실 때, 배설할 때, 씻을 때, 노래하고 춤출 때 등 언제 어디서든 자신의 행동을 관찰하면 훌륭한 관찰 명상이 됩니다.

생각을 잘 보는 것도 명상의 기능입니다. 잘 보려면 집중력이 밑받침되어야 합니다. 그래서 집중과 관찰이 균형 있게 이루어져야 명상이란 새가 잘 날 수 있습니다. 명상은 상상력을 이용하고 창의력을 키웁니다. 좋지 않은 생각에서 벗어나게 하고 긍정적이고 창조적인 생각을 활성화시킵니다. 집중과 관찰은 사유로 이어지고 이를 통해 깨달음이 일어납니다. 이것은 지식이 아닌 지혜입니다. 숨은 욕망과 분노를 자각하는 통찰에 스스로 이르게 되는 것이지요.

* 주의 집중과 주의 이동

명상의 두 요소 중 '관찰'을 살펴보았으니 이제 '집중'을 두 가지 측면에서 살펴보겠습니다. 집중하려면 첫째, 주의가 대상으로 향해야 합니다. 둘째, 주의가 한곳에 머물러야 합니다. 마음은 산란해서 몇 초도 안 되어 주의가 다른 곳으로 달아나 버리곤 합니다. 그런가 하면 주의가 한곳에 묶여 다른 곳으로 돌리려 해도 잘 되지 않기도 합니다. 대부분의 사람은 주의를 통제하는 힘이 약하기 때문에 주의를 자유로이 이동시키는 훈련이 필요합니다.

온몸을 머리끝부터 발끝까지 훑어보는 것은 주의 이동을 용이하게 만듭니다. 몸의 각 부위에 이름을 붙이며 2초가량 주의를 두고 다음 부위로 이동시킵니다. 처음부터 오래 집중하는 것을 목표로 삼지 않고 순간에 집중하여 잠시 주의를 줬다가 다른 대상으로 이동시킵니다.

주의를 자유로이 이동하며 자유로이 머무를 수 있는 것은 놀라운 능력입니다. 주의를 온전히 대상에 보내면 자신을 잊어버리는 경험을 할 수 있습니다. 이를 무아, 망아, 몰입이라고 합니다. 이때 분별이 사라지고 대상과 혼연일체가 되어 하나로 이어진 느낌을 갖게 되는데 그것이 바로 연결감(유대감)입니다. 이 연결감은 세상과 고립된 나에서 세상의 일원인 나로 변화시키는 원동력이 됩니다.

어느 정도 주의가 집중되면 깊게 바라볼 수 있게 됩니다. 바라보면 예전에 미처 보지 못한 것, 흥미로운 것도 발견합니다. 새로운 것을 발견하면 즐거움이 생깁니다. 어느 순간 전모를 이해하기도 하고 통찰이 일어나기도 합니다. 무엇보다 자비로워집니다. 상대의 기쁨이 그리고 아픔이 함께 느껴지기 때문입니다.

* 명상의 '정'과 '동'

집중과 관찰의 균형이 잘 이루어지면 명상 중에 잡념 대신 사유가 가능합니다. 명상의 양 날개인 집중과 관찰을 조금 더 살펴보겠습니다.

명상에는 마음을 고요와 집중, 평정으로 인도하는 '정적인 부분'과 마음을 탐구, 노력, 환희로 이끄는 '동적인 부분'이 있습니다. 정적인 요소와 동적인 요소는 대극을 이루면서 알아차림에 의해 균형을 이루고 통합됩니다. 이 여섯 가지 정적·동적 요소에 알아차림까지 고루 갖추어지면 어두운 마음이 밝은 마음으로 전환되고 비로소 통찰에 이르게 됩니다.

동적인 부분이 지나치면 마음은 흥분과 불안, 동요의 상태로 나아깝니다. 정적인 부분이 지나치면 졸음과 혼미한 상태로 마음이 가라앉습니다. 마음이 산란할 때는 이를 알아차리고 집중된 고요의 마음으로 중심을 이동해야 합니다. 마음이 가라앉을 때는 이를 알아차리고 마음을 활력과 기쁨의 상태로 전환할 수 있어야 합니다.

마음이 욕망 때문에 채색되어 흐려지고 분노 때문에 흥분되고 출렁이는데 이를 알아차리지 못하고 방치하는 것은 어두운 풍랑 가운데 항해하는 배와 같습니다. 이를 분명히 알아차려 정靜과 동動을 균형 잡아 나아가면 목적지에 무사히 이르는 올바른 항해가 됩니다. 마음이 어두운 바다에서 벗어나 파도에 휩쓸리지 않는 평화롭고 자유로운 상태에 이르게 되는 것이지요.

호흡을 바라보는 게 익숙해지려면 몸의 감각을 느끼고 알아차리는 연습이 필요합니다.

머리부터 발끝까지 각 부위에 2초 정도 머물며 주의를 이동시킵니다.

정수리-이마-눈썹과 눈썹 사이-눈-코-입-볼-턱,

목-어깨-팔-팔꿈치-손목-손등-손바닥-손가락 하나하나,

가슴-배-등-허리-엉덩이,

허벅지-무릎-장딴지-발목-발등-발바닥-발가락 하나하나 느껴 보세요.

몸의 각 부위를 순차적으로 느끼며 자연스럽게 주의를 이동할 수 있게 됩니다.

각 부위를 느낀 후에는 몸 전체의 느낌이 어떤지 바라보세요.

그리고 앉아 있는 느낌과 몸이 공간에 접한 느낌도 느껴 보세요.

마지막으로 주위의 공간을 느껴 보고 그 공간이 무한히 펼쳐져 있음도 느껴 봅니다.

※ 명상 중 경험과 깨달음을 기록합니다.

6

자신을 돌보는
일상 명상

마음공부 하는 사람은 모름지기 아침에 자리에서 일어나기 전에 살펴보아야 할 것이 있습니다. 먼저 잠에서 깨어나 호흡을 살펴봅니다. 몸이 상쾌한지 찌뿌둥한지 살펴보고, 기분이 좋은지 나쁜지 좋지도 나쁘지도 않은 상태인지 느껴 봅니다. 그런 다음 서서히 눈을 뜨고, 일어나야겠다는 의도와 함께 천천히 자리에서 일어납니다. 일어나는 과정도 옆으로 돌아 손을 짚고, 몸을 일으키고, 앉은 다음 일어섭니다. 일어서서 걸을 때도 걸으려는 의도와 함께 한 발 한 발 바닥에 닿는 느낌을 살피며 걷습니다.

밥을 먹을 때도 한 입 넣고, 맛을 음미하고, 몇 번 씹는지 헤아리고, 밥알이 죽이 되고, 그것을 삼키는 과정을 지켜보면 식사 명상이 됩니다. 이렇게 수시로 몸과 마음의 과정을 알아차리면서 하나하나 행동하는 것이 곧 일상 명상입니다.

* '있는 그대로' 바라봄

명상에서 가장 중요한 부분은 '깨어 있음'입니다. 우리는 부지불식간에 행동하고, 자신의 의지와 무관하게 상념에 잠기고, 무의식적으로 반응하며 살아갑니다. 그런데 이 비율이 무려 삶의 90% 이상을 차지한다고 합니다. 무의식의 지배를 받는 것이지요. 내 몸, 내 마음이라 믿고 있지만 내 마음대로 할 수 없는 부분이 90%만 되겠습니까? 우리 하루의 대부분은 밖을 바라보거나 자동적으로 재잘거리는 상념에 잠겨 지낸다 해도 과언이 아닙니다.

깨어 있지 못한 삶은 마치 어둠 속에서 길을 걷는 것과 같습니다. 장애물에 부딪치거나 구덩이에 빠지고, 돌부리에 걸려 넘어지거나 날카로운 물건에 찔려 상처 입을 위험이 높지요. 깨어 있는 상태는 자신의 신체·언어·정신적 행동을 자각하고 나아가 자신의 행동의 의미까지 알아차리는 것입니다. 깨어 있기 위해서는 우선 그동안 소홀히 해 왔던 자기 자신을 돌아보는 것부터 시작해야 합니다. 밖으로만 향하던 주의를 돌려 자신을 돌아보는 것, 회광반조가 핵심입니다. 바른 명상은 우리로 하여금 자신의 진정한 주인공이 되도록 이끕니다.

호흡과 걸음에 주의를 기울여 자신을 관찰의 대상으로 올려놓는 순간 그동안 어둠에 잠겼던 나의 전모가 희뿌옇게 드러나기 시작합니다. 순간순간 역동적으로 변하는 마음의 상태, 그 변화 과정을 잠시라도 주의 깊게 들여다보는 일은 매우 흥미롭습니다. 우선 호흡을 들여다보고, 몸의 감각을 느껴 보고, 기분과 마음 상태를 점검하고 생각을 알아차리는 작업은 마치 어린 아기에게서 잠시도 눈을 떼지 않고 보살피는 부모의 일처럼 매우 귀중하고 가치 있는 일입니다.

그동안 무관심으로 내팽개쳐 둔 자신을 돌보는 것, 지금 이 순간 자신의 몸과 마음의 상태를 있는 그대로 바라보는 것이 명상의 요체입니다. 여실지견如實知見, 있는 그대로 바라본다는 것은 좋다 나쁘다 판단하지 않고, 이래야 된다 저래서는 안 된다 조작하지 않고, 잘났다 못났다 평가하지 않고, 있는 그대로 소중하게 수용하고 중립적으로 관찰하는 것입니다. 호흡이 거칠면 거친 대로 가쁘면 가쁜 대로 그냥 놔두고 지켜보는 것이 중요합니다. 인위적 조작을 하지 않고, 생각이나 감정 상태도 좋으면 좋은대로 싫으면 싫은대로 그냥 바라보는 것이지요. 가치 판단을 하지 않고 객관적으로 바라보면 호흡은 어느새 자리를 잡고 생각은 억지로 없애려 들지 않아도 꼬리를 접게 됩니다. 격앙된 감정이나 침체된 감정이 바로 진정되지 않을지라도 그 또한 따뜻하게 품어 오래오래 지켜보면 앙앙

울어 대던 어린 아이가 잠드는 것처럼 고요해지기 시작합니다.

* 앉기 명상

아침에 일어나는 과정을 온 마음 다해 지켜보고 알아차리는 것이 몸에 배기 전에는 쉽지 않습니다. 하지만 의도와 함께 호흡을 주시하고 자신의 몸을 살펴보는 것은 틈틈이 할 수 있습니다. 이제부터 눈을 뜨고 자리에서 천천히 일어나 세수하기 전 잠깐 2분가량 틈을 내어 앉아 보겠다는 의도를 세웁니다. 아침에 바빠서 힘들다면 자기 전에도 좋습니다.

앉기 명상에서는 우선 반듯하게 허리를 펴고 앉는 게 중요합니다. 발은 평좌나 반가부좌 중에 편한 자세를 취합니다. 처음이라 힘들다면 의자나 소파에 앉아도 됩니다. 손바닥을 펴서 두 손을 모아 자연스레 배 아래로 내려놓고, 두 엄지 손가락은 마주 닿도록 세우는 게 좋습니다. 두 손 모음이 편치 않다면 양 무릎 위에 손바닥이 하늘로 향하도록 놓습니다.

목은 반듯이 세우되 턱을 지긋이 당겨 시선이 바닥 50cm 정도 앞을 내려보도록 합니다. 눈의 긴장을 풀고 알아차리기를 하면서 서서히 눈을 감습니다. 눈을 감아서 졸립다고 생각되면 눈을 감지 않아도 됩니다. 시선을 50cm 앞에 내려 놓으면 자연스럽게 눈이 반쯤 감기게 됩니다.

온몸을 전후좌우로 흔들어 긴장을 풉니다. 어깨와 목에 힘을 주어 위로 최대한 끌어올렸다가 턱 내려놓습니다. 고요히 앉아 머리 끝부터 발끝까지 힘이 들어간 부위가 없나 살펴봅니다. 대개 목과 어깨, 턱, 등 부위에 긴장이 되어 있음을 알 수 있습니다. 긴장을 풀고 되도록 편히 앉되 허리는 구부리지 않도록 합니다.

이제 호흡으로 주의를 모으기 위해서 심호흡을 서너 차례 해 봅니다. 마음이 산란할 경우 1분 정도 심호흡을 합니다. 내쉬는 숨에 몸의 긴장을 푸는 것도 잊지 마시기 바랍니다. 이제 자연스러운 호흡 상태에서 바라봅니다. 몸의 감각, 마음의 상태, 기분과 감정, 생각 등을 일어나는 그대로 실시간으로 바라보되 차분히 예술품 감상하듯이 바라보십시오. 고요히 머무르면서 몸이 바닥에 닿는 느낌에 주목합니다. 몸 주변의 공간도 느껴 봅니다. 그 공간이 주변으로 무한히 펼쳐져 있음도 느껴 보세요.

마칠 때는 마치겠다는 의도를 가지고 서서히 자세를 풀고 일어납니다. 일어날 때도 어떤 동작으로 일어나게 되는지 살펴보고 서서히 눈을 뜨면서 천천히 일어섭니다.

다음으로 걷기 명상을 해 봅니다. 앞서 살펴보았듯이 걷기 명상도 앉기 명상 못지않게 중요합니다.

이렇게 앉아서는 호흡을 바라보고 서서는 걸음을 바라봅니다. 멈추고 바라보고 알아차리는 연습을 일상에서 꾸준히 하기 바랍니다. 명상은 언제 어디서 해야 한다고 정해진 것이 아니니 시작과 종착지, 특정한 공간도 필요하지 않습니다. 그저 언제 어디서나 자신에 대해 바라보면 그뿐입니다. 걸으면서, 먹으면서, 버스나 지하철에서, 친구들과 가족들과 지내면서 언제 어디서나 명상을 생활화해보세요. 헝클어진 마음 상태가 분명하고 단순해지면서 전에는 보이지 않던 해결책과 치유의 실마리가 보이기 시작합니다.

· 아침 2분 명상

아침에 잠에서 깨어 났을 때 자리에 누운 상태로 1분 정도 호흡을 바라봅니다.

그대로 1분간 몸과 마음의 상태를 바라봅니다.

몸이 상쾌한지, 찌뿌둥한지 바라봅니다.

그런 다음 일어나겠다는 의도와 함께 서서히 일어나 앉습니다.

그리고 서서히 눈을 뜨고 활동을 시작합니다.

· 저녁 2분 명상

밤에도 잠자리에 눕기 전, 자리에 앉아 2분간 앉기 명상을 합니다.

자리에 앉아 눈을 감지 않고 시선을 50cm 앞에 내려 놓습니다.

자연스럽게 눈이 감기면 그 상태도 괜찮습니다.

몸이 노곤해지면 천천히 누워서 호흡과 몸, 마음의 상태를 바라보고 알아차림이 이어지도록 합니다.

'잠들 때까지 호흡을 바라보리라, 내일 아침에도 눈을 뜨기 전에 호흡을 바라보는 것으로 하루를 시작하리라'라는 의도를 세우고 들숨과 날숨을 바라봅니다.

물론 잠이 오지 않으면 5분, 10분, 30분, 1시간 … 누워서 호흡 명상을 할 수 있으니 이 또한 좋은 일입니다.

※ 명상 중 경험과 깨달음을 기록합니다.

....

....

....

....

....

....

2장

자신과
대면하기

자기 자신에게 의지하고
가르침에 의거하여
늘 깨어 살펴보는 것이
숙고 명상입니다.

7

알아차림 너머 깨달음,
숙고 명상

지금까지 집중과 관찰을 통해 명상의 첫걸음을 떼었습니다. 집중과 관찰은 깨달음을 위해 필요한 것인데, 최근 명상을 마음 챙김(알아차림)으로만 강조해 관찰이나 집중만으로 그치는 경향이 있습니다. 명상의 몸통은 깨달음입니다. 선정만으로는 깨달을 수 없습니다. 지혜에 의한 통찰이 일어나야 합니다.

* 무명과 무지

화가 가득하여 모든 것이 불만이고 걸핏하면 비난하고 원망하고 싸우려 드는 사람이 있습니다. 그는 이러한 자신이 싫어서 평소 화를 참고 내색하지 않으려 하지만 번번이 작심삼일, 금방 화내고 뉘우치기를 반복합니다. 호흡을 통해 감정을 다스리고 참을 인忍 자를 쓰며 화를 삭여 보지만 좀처럼 화에서 벗어날 수가 없습니다. 화를 내면 지옥에 간다는 가르침을 받고 더욱 노력해 보아도 화가 해결되지 않습니다. 참고 또 참으면 울화병이 생깁니다. 이렇게 살 바에 차라리 죽는 게 낫겠다며 절망에 빠집니다. 이것이 고통의 한 단면입니다.

이 고통을 해결하려면 어떻게 해야 할까요? 외부 환경을 바꾸면 될까요? 내게 괴로움을 준 사람에게 책임을 묻고 해결해 달라 빌어 볼까요? 세상을 원망하고 부모 형제를 원망하고 배우자를 원망하고 하늘을 원망하다가 지극한 쾌락으로 해결될까, 지극한 고행으로 극복될까 여러 가지로 노력해 보지만 그 어느 것도 진정한 문제 해결에는 이르지 못합니다.

이렇게 고통이 생겼을 때 어찌할 줄 모르는 상태가 '무명'입니다. 무명과 무지란 화가 왜 일어났는지 명확히 알지 못하기 때문에 해결책도 모르는 상태를 말합니다. 화도 그렇고 불안도 그렇습니다.

* 숙고하여 깨달음, 통찰

마음이 괴로우면 대부분의 사람들은 즉각적인 해결책을 얻으려 합니다. 믿음으로 모든 것이 해결된다는 가르침에 이끌려 유사 종교나 점복에 의지하려 하는 것이 대표적 예입니다. 그런데 붓다는 즉문즉답 대신 스스로 돌아보고 스스로 깨우치도록 하였습니다. 다른 것에 의지하지 말고 자신을 잘 돌아보라고 강조하였으니 자기 자신을 잘 들여다보는 것이 그가 45년간 설한 법입니다. 이것을 떠난 법은 붓다의 정법이 아니라 하여도 과언이 아니라는 것은 붓다의 유훈을 보면 알 수 있습니다.

"어떤 것에도 의지하지 말고 자기 자신과 가르침에 의지하고 바른 삶으로 고통을 극복하라."

바른 견해와 바른 사유를 통해 고통의 발생 과정을 낱낱이 살펴보라는 것이지요.

『니카야』에 의하면 싯다르타가 왕성을 떠나 사문samana의 길을 걸으며 6년간 여러 선정 수행과 극한의 고행으로도 깨달음이 오지 않자 마침내 네란자라 강가의 보리수 아래 앉아 고요히 정관 사유하였다고 합니다. 이를 통해 고통이 무명과 집착으로부터 발생하는 과정을 낱낱이 깨우치고 무명이 사라지자 고통이 분명히 해결됨을 확인하였다고 하지요.

* 원인과 조건에 따라 생멸하는 연기관의 원리

자신을 돌아보고 깊이 성찰해 가는 마음 탐구를 싯다르타는 체계화시킵니다. 연기관이 그것입니다. 모든 과정이 내 안에서 일어나고 머물며 집요하게 괴롭힘을 봅니다. 바라보노라면 분명히 보이고 자각이 일어납니다. 고통은 바라는 바가 이루어지지 않고 기대하는 것들이 충족되지 않을 때 생겨납니다. 기대에 어긋나는 말이나 예기치 않은 일에 상처받고, 비교하여 불만이 생기고, 불만으로 분노가 일어나고, 서로 반대되는 생각으로 갈등에 휩싸이고 이렇게 고통이 일어나고 있음을 여실히 봅니다. 고통은 외부의 자극, 사건을 자신이 받아들이고 해석하면서 겪는 일련의 과정임을 봅니다.

모든 것은 내 뜻대로 되는 것이 아니라 원인과 조건에 따라 생겨났다 사라짐을 분명히 바라봅니다. 내 것이 아닌 것을 내 것으로 하려 하고 내 뜻대로 안 되는 것을 내 맘대로 하려 하니 괴로울 수밖에 없음을 분명히 알게 됩니다. 고통의 발생과 원인, 소멸, 해결 방법에 대해 분명히 알게 됩니다. 삶의 상호 맥락을 깊이 성찰하여 관계에서 발생하는 괴로움을 분명히 알게 됩니다. 내 것이라고 믿고 나라고 믿어 왔던 것들이 진실이 아님을 분명히 알면 오감의 갈망과 집착을 내려놓게 되고 탐욕과 분노가 부질없으며 탐욕과 분노가 무상하여 마침내 사라짐을 분명히 알게 됩니다. 이와 같이 몸과 마음의 모든 과정에 그 어느 것에도 머물지 않고 모든 갈망을 내려놓으면 괴로움에서 벗어남을 분명히 알게 됩니다.

＊ 자신과 대면하여 깨닫는 숙고 명상

살면서 겪는 고통과 피할 수 없는 노병사의 문제가 어떻게 생겨나고 어떻게 해결할 수 있는가의 과정에 대한 면밀한 탐구가 12연기입니다. 고통은 집착에 의해 생겨나고 바른 방법인 팔정도를 통해 극복할 수 있다는 것이 사성제입니다. 모든 것은 원인과 조건에 의해 발생한다는 연기의 이치가 압축된 표현이지요. 불교가 깨달음을 추구한다는 것은 이 이치를 깨닫는다는 것입니다. 고행을 통해 얻는 것이 아니라 바른 견해, 바른 사유, 바른 삶, 바른 관찰, 바른 집중 등으로 깨닫는 것입니다.

이를 통찰 또는 깨달음이라 부릅니다. 깨닫는 순간 기쁨과 감동이 일어납니다. 괴로움은 환희로 바뀜을 경험합니다. 이 희열, 기쁨, 감동이 없다면 아직 명상이 걸음마 수준에 있다고 하겠습니다. 굳이 환경을 바꾸거나 상대방을 다루지 않더라도 명상 속에서 문제가 해결됨을 봅니다. 살아가면서 갖가지 고난과 고통을 맞닥뜨릴 때마다 '왜 이리 괴로운가? 무엇 때문에 괴로운가?' 하고 내면의 지혜에 묻습니다. 이렇게 자기 자신에게 의지하고 가르침에 의거하여 늘 깨어 살펴보는 것이 숙고 명상입니다. 이것이 곧 반야바라밀(지혜 수행)이고, 사유수입니다. 삶에서 부딪치는 고통을 깊이 성찰하여 고통이 주는 의미를 깨달을 때 삶은 분노와 욕망의 변주곡에서 벗어나 환희로워지고 의식은 고양되고 확장되어 우리의 본래 고향인 순수한 깨어 있음으로 정착합니다.

마주하여 벗어남

명상의 요체는 봄입니다.

모든 근심을 보십시오.

얻지 못할까 두려워함입니다.

모든 불만을 보십시오.

주는 대신 받으려 함입니다.

얻으려 구하지 말고, 받으려 애쓰지 마십시오.

주지 못함을 걱정하고

얻지 못함을 걱정하지 않으면

매사에 매이지 않게 되고 편안하니

이를 벗어남이라 부릅니다.

흐르는 물을 어찌하려 않고

감상하고 관조하는 것을 명상적 삶이라 합니다.

※ 명상 중 경험과 깨달음을 기록합니다.

8

숨은 그림자
안아 주기

인간은 불행과 고통의 원인을 밖에서 찾아왔습니다. 하지만 붓다는 모두 자업자득, '자신이 지은 것이니 자신의 책임이다'라고 합니다. 과연 그러한지 이제부터 마음을 본격적으로 탐구해 볼까요?

* 삶에 영향을 미치는 '숨은' 그림자

우리는 누구나 잘못을 저질러 사랑받지 못하고 실패하여 인정받지 못했던 경험을 가지고 있습니다. 이 아픈 경험 때문에 사랑받고 인정받으려 부단히 애쓰는 삶이 되기도 합니다. 자라면서 주입된 '잘 해야 돼, 실수해선 안 돼'와 같은 신념들은 보다 완벽함을 추구하며 살라고 쉴 새 없이 다그칩니다. 그러다 보면 있는 그대로 자신의 삶을 즐기지 못하고 주변과 사회의 기대에 맞추어 사는 비주체적 삶을 살기 시작합니다. 즐기는 삶은커녕 투쟁의 삶이 되어 버립니다. 실패의 경험을 곱씹으며 만든 여러 이야기와 실패하지 않기 위해 대비하는 이야기 속에 파묻히게 된 것입니다.

이러한 생각의 거센 물결 속에서 헤어 나오기 쉽지 않은 것이 사실입니다. 생각들에 사로잡히면 생각하는 줄도 모르고 빠져 있지만 생각을 바라보려 하면 또 사라지는 게 생각입니다. 생각하지 말자고 애쓰면 생각은 더 기승을 부리고 그 생각이 도대체 뭔가 하고 보려 하면 아지랑이처럼 사라집니다. 분석 상담에서 꿈을 기억해 보라 하면 아지랑이처럼 빠져나가 꿈을 떠올리지 못하다가 꾸준히 관심을 가지면 점점 이야기 형태로 길게 기억하게 됩니다. 이처럼 마음 바라보기가 쉽지 않으니 호흡과 감각 등 몸을 관찰하는 것을 먼저 연습하는 것이지요. 마음도 꾸준히 바라보면 생각과 감정을 바라볼 수 있게 됩니다.

* 생각과 감정 바라보기

마음은 크게 생각과 감정으로 구성됩니다. 명상을 하면 제일 먼저 만나는 손님이 잡념이고 그 생각들에 섞여 흐르는 감정들이 있습니다. 생각들은 끊임없이 떠올랐다 사라져 갑니다. 이를 통해 어느 한 생각이 고정되어 머무는 법은 없다는 걸 보게 됩니다. 대체로 명상은 과거에도 미래에도 집착하지 않는 현재를 온전히 경험하는 '지금 여기'를 강조합니다.

그러나 여기 바로 이 순간만 강조할 때 위험이 따릅니다. 지금 여기는 시공간적으로 고정된 찰나일 수 있기 때문입니다. 고정된 결과, 고정된 상황으로 보는 시각은 창조론적 관점입니다. 명상의 바라봄은 연기론적 관점입니다. 연기론적 시각은 모든 것에는 연유가 있어 원인과 조건에 의해 발생한다는 것입니다. 창조론이 이 세상을 조물주가 뜻대로 만든 것으로 보는 것과 달리 연기론은 세상이 원인과 조건에 의해 형성되어 이로 인해 변하고 소멸한다고 봅니다. 과거 완료적 선언으로서 숙명적으로 주어진 불변의 법칙을 내포하는 창조론과 가변적이고 역동적으로 서로 영향을 주고받는 관계로 보는 연기론의 관점, 전자는 맹목적인 믿음이라면 후자는 합리적이고 과학적인 성찰이라 하겠습니다. 그러므로 연기론은 찰나를 보는 게 아니라 찰나의 흐름, 즉 일련의 역동적 맥락을 바라보는 것이지요.

불안한 마음을 예로 들어 보겠습니다. 어떤 상황이나 사건이 불안을 불러일으키고, 어떤 생각이나 기억으로 인해 불안한 마음이 생겨납니다. 불안한 마음에는 원인과 조건과 배경 등이 있습니다. 자신도 기억 못하는 까마득한 시절의 상처를 포함해 여러 원인들이 복합적으로 작용하여 하나의 불안한 마음으로 자리잡게 되는 것입니다. 그래서 명상에서는 생각과 감정이 창조되었다기보다는 형성된다는 표현이 더 실재에 가깝다고 말합니다.

불교나 명상을 개념적으로 이해하려면 어려워지고 머리가 아파집니다. 머리로 이해할 성질이 아니기 때문이지요. 그래서 명상하면서 숙고해 보는 것입니다.

명상을 하면 제일 먼저 만나는 것 가운데 소란한 마음이 있습니다. 끊임없이 재잘거리는 마음입니다. 두려움에 떠는 마음, 환상이나 백일몽 같은 마음, 망상하는 마음, 과거를 후회하는 마음, 미래를 걱정하는 마음 등 여러 잡다한 생각들로 구성되어 있습니다. 남을 원망하고 탓하는 마음과 자신을 책망하고 비하하는 마음도 포함되어 있지요. 원망이 지극하면 원한이 되고 증오가 되고 폭력적인 살상의 행동까지 일어납니다. 이 모든 것의 뿌리를 한번 찾아볼까요? 삶을, 지금 이 순간을 온전히 경험할 수 없게 뒤덮어 버리는 소음의 원천, 무엇이 소란한 마음 배경에 도사리고 있는지 숙고해 봅니다.

* 숨어 있는 아픈 경험

소란한 마음은 마음 속 상처에서 피어납니다. 상처받은 부위가 아물지 않으면 계속 염증이 확산되는 것과 같은 이치입니다. 상처란 무엇인가요? 두려움과 공포입니다. 무언가를 잃을까 봐, 실패할까 봐 두려움에 떤 나머지 반응하는 일련의 정신적 과정들이 소음의 정체입니다. 이렇게 마음은 자신을 지키기 위해 무의식적으로 방어 기제를 구축하여 사용하고 있습니다. 상대방이 불안을 만들어서 나에게 건네준 게 아니지요.

이렇게 마음의 평정을 깨뜨리는 것 가운데 하나가 불안입니다. 불안은 근심하고 걱정하는 것으로 나타납니다. 마음이 편안하지 않고 들뜨고 괜히 불안하기만 합니다. 언제 마음이 불안한지 잠시 눈을 감고 숙고해 볼까요?

불안은 어떤 위협에 대한 경고음입니다. 무언가 잘못될까 봐 실패를 예견하고 중요한 것을 잃을까 봐 두려워하는 것입니다. 무엇을 두려워하나요? 야단 맞을까, 버림받을까 아이처럼 두려워합니다. 그래서 또 다시 상처받지 않기 위해 실패하지 않으려고 애를 씁니다. 실패와 실수를 안하고 잘 하려 애쓰는데 잘 되지 않지요.

이제 마음 속으로 한걸음 더 깊이 내딛겠습니다. 무엇을 잃을까 두려워하나요? 칭찬받지 못할까 봐, 인정받지 못할까 봐 두려워하는군요. 결국 사랑받지 못할까 봐, 사랑을 잃을 것을 두려워합니다. 이는 단지 과거의 일이 아니라 현재진행형입니다. 그래서 미래의 일도 잘못될까 봐 미리미리 걱정하지요. 그래서 불안은 현재에 집중하지 못하고 현재를 즐기지 못하게 막는 장애물이 되지만 한편으로는 미래의 성공과 성장을 위한 초석이 되기도 합니다.

* 아픈 마음 지켜보기

호흡을 알아차리고 호흡과 함께 생각을 바라봅니다. 서너 번 숨을 깊게 쉬어 봅니다. 호흡과 함께 지금 일어나고 있는 사건을 호기심으로 대합니다. 두려워하거나 피하거나 외면하지 않고 궁금한 마음으로 대면합니다. 호기심은 어린 시절 우리가 늘 사용했던 마음입니다. 모든 게 신기하고 궁금했던 그 시절, 때 묻지 않은 순수한 마음으로 지금 이 순간을 새롭게 경험하게 합니다.

실패와 아픔을 없애려고 애쓰는 대신 다시 들여다보고 관심을 기울여 안아 주는 작업이 중요합니다. 잘하려 애쓰지 말고 그렇게 애쓰고 있음을 바라봅니다. 아픈 기억은 아픈 기억일 뿐, 어떤 이야기도 내가 아니며, 과거의 경험도 내 것이 아닙니다. 그것을 바라보고 가슴 깊이 안아 줍니다. 마음에는 선악이 공존하며 좋은 것 만큼 좋지 않은 것도 있습니다. 좋은 것만 취하고 나쁜 것을 없애려 들면 마음속에서 반동이 일어납니다. 우리가 할 일은 부정적 경험과 그에 따른 이야기들을 호기심으로 바라보고 자각하는 일입니다. '마음속에 지금 무엇이 떠오르는가?' 마음을 지켜보는 일, 이것이 마음 공부이자 마음 여행입니다.

부부 불화를 겪고 있는 한 여인이, 남편과 격렬하게 말다툼을 하던 중 남편을 공격하고 싶은 충동과 함께 자기가 희생자라는 느낌이 들었다고 합니다. 느낌을 알아차린 후 가만히 바라보자 자신의 정당함, 분함, 억울함, 상대의 부당성 등의 이야기를 끊임없이 지어내는 자아(에고)의 모습이 보였다고 합니다. 한 순간 남편과 헤어져야 할 온갖 이유를 늘어놓았고, 다음 순간에는 남편이 떠날까 봐 두려워했습니다. 그녀는 어떤 이야기도 거부하지 않고 그저 바라보기만 했습니다. 그러자 이야기들이 천천히 잦아들었고 어떤 이야기들도 내 것이 아니라는 자각에 이르러 자신을 용서했습니다. 그 후 그녀는 남편과 차분하게 이야기를 나누게 되었다고 합니다.

이것이 바로 '자신과 대면하기'입니다. 자신을 바라보고, 내면의 독백을 바라보고 알아주는 것이 통찰을 일으키는 것입니다.

우리가 자신과 대면하기를 두려워하는 까닭은 아픈 경험의 충격 때문입니다. 우리의 내면에는 오만, 절망, 무력감, 비교, 질투, 원한, 자기 비하 등 자신도 부정하고 싶고 남들이 몰랐으면 하는 온갖 것들이 다 들어 있습니다. 그런데 중요한 사실은 이런 것들이 내게만 있는 것이 아니라 누구에게나 있는 것이라는 사실입니다.

내면으로 깊이 들어가 보면 아무리 주의를 기울여도 사라지지 않는, 아주 심하게 경직된 부분들도 있습니다. 만약 호기심의 빛을 쬐어도 사라지지 않는다면 그것들이 하는 말에 더 귀 기울일 필요가 있습니다. 들어주고 관심 가져 주면 그것들은 더 이상 우리를 지배하려 들지 않게 됩니다. 반대로 저항하면 할수록 그것들은 더욱 힘이 강해져 벗어날 수 없게 우리를 옭아맵니다.

그것들에 다가가고 귀 기울이는 것은 바로 가슴입니다. 머리는 분별로서 좋아하거나 싫어하거나, 원하거나 저항하지만 가슴은 있는 모습 그대로를 사랑합니다. 가슴은 배척하기보다 포용하고, 거절하기보다 수용하며, 두려워하기보다 신뢰합니다. 가슴은 우리와 우리 인생의 모든 부분을 '있는 그대로' 온전한 하나로 엮어 줍니다.

* 가슴으로 안아 주기

모든 고통은 나를 깨우치기 위한 스승입니다. 두려움, 분노, 비교, 판단, 저항, 의심, 혼란, 수치심 등으로 재잘대는 내면의 독백들 또한 가슴으로 살아가는 법을 가르쳐 주기 위해 있습니다. 살면서 긴장을 일으키는 것들은 모두 가슴의 치유를 요구하는 것들입니다. 갈등의 구름을 형성하는 독백들이 완전히 변형되려면 그것들을 감싸 주는 연민 어린 알아차림과 만나야 합니다. 머리는 문제를 해결하려 애쓰지만 실패하는 반면에 가슴은 문제 자체를 수용하여 해소합니다.

우리는 싫어하는 부분을 무시하면 사라질 거라고 믿고 바쁘게 지냅니다. 텔레비전을 본다든지 먹고 마신다든지 물건을 산다든지 하면서 시간을 보내지요. 그렇게 무시당한 부분이 자신도 모르게 내 삶에 영향을 미친다는 사실을 깨달으면 깜짝 놀라게 됩니다. 내면에 숨어 있는 깊은 두려움, 분노, 자기비판, 절망 등은 어려서부터 줄곧 함께해 왔고, 인정받고 이해받고 사랑받고 싶어합니다. 그러나 우리는 관심을 주는 대신 익숙한 판단과 평가로 단죄하며 무시해 왔습니다. 상처들이 가슴 여는 법을 가르쳐 주려고 여기에 있는 것임을 마침내 깨달으면 상처가 들려주는 이야기들이 더 이상 나를 구속하는 주술이 아니라 나를 주술로부터 벗어나게 해 줄 열쇠임을 깨닫게 됩니다.

상처가 지어낸
두려움

눈을 감고 호흡을 바라봅니다.

마음을 바라보세요. 1분간 바라봅니다.

생각들에 섞여 흐르는 감정들이 있습니다.

끊임없이 재잘거리는 소란한 마음을 바라봅니다.

삶을, 지금 이 순간을 온전히 경험할 수 없게 뒤덮어 버리는 소음의 원천은 무엇인가요?

무엇이 소란한 마음 배경에 도사리고 있나요?

눈을 감고 호흡을 바라봅니다. 충분히 숙고합니다.

눈을 살며시 뜨십시오.

무엇을 두려워 하나요? 무엇을 잃을까 두려워 하나요?

※ 무엇을 두려워 하는지 모두 적어 봅니다.

....

....

....

....

....

....

9

탓하고
눈치 보는 마음

마음은 상처받기 쉽습니다. 조그만 말 한마디에 상처받고 괴로워합니다. 상처받지 않기 위해서 인류가 고안해 낸 보호 장치가 '탓'입니다. 심리 치료에서 말하는 '투사'가 그것이지요. 그 문제는 내 탓이 아니고 네 탓이라고 상대방에게 던져 버립니다. 투사는 '부정'이라는 보호 장치와 병행합니다. 내 책임이 아니라고 부정하고 남의 책임으로 전가하는 것입니다. 내 문제가 아니라고 부정해야 내가 편하고 위안이 되기 때문이지요. 그런데 이렇게 탓하고 나면 문제가 해결되고 괴롭지 않아야 하는데 그렇지 않은 게 문제입니다. 남을 탓하여 상대방에게 던졌으니 그것을 상대가 받아야 하는데 상대방도 자신의 탓이 아니라고 도로 던져 버리니 충돌이 일어납니다. 모든 갈등과 분쟁의 근원에는 이러한 과정이 있습니다.

* 남 탓 멈추고 바라보기

탓하기의 해결책은 무엇인가요? 고통은 피할 것이 아니라 마주 보아야 한다는 말 기억하나요?

정신적 또는 신체적 고통을 없애려고 바둥대거나 도망치느라 급급해 말고 현재 불편한 감정 상태 또는 마음을 바라보고 경험해 보십시오. 명상은 이것을 잘 들여다보아 자기 방어를 해체하는 작업이라고 할 수 있습니다. 현재 불편하고 괴로운 자신을 인정하고 이해하고 공감하고 받아들이는 것입니다. 부정하거나 냉대하지 말고, 또 무의식의 창고에 꽁꽁 쌓아 두거나 숨기지 마십시오. 스스로의 좋은 점과 싫은 점, 추악한 부분까지도 오직 받아들이고 인정할 때 자신을 비난하고 비하하는 행동이 멈춰집니다.

남을 탓하게 되면 문제 해결의 열쇠를 남에게 쥐여 주는 것이고, 환경을 탓하면 내 권한 밖의 일이 되어 버립니다. 내가 책임을 지고 해결하려는 주인의 자세가 되어야 합니다. 열쇠를 내가 쥐고 있다는 자각이 바로 문제 해결의 시작입니다. 상대가 욕을 했건, 배신을 했건, 폭력을 휘둘렀건 상대의 문제는 상대에게 맡기고 마음의 평정을 잃은 것이 나의 문제라는 자각이 생기면 비로소 문제 해결에 집중할 수 있습니다.

* 눈치 보는 마음

우리의 마음은 탓하기와 더불어 눈치 보기도 일삼습니다. 탓하기와 눈치 보기는 서로 닮은 형제 같습니다. 공통점이 무엇일까요? 모두 고통을 피하려는 자기 방어책이라는 겁니다. 눈치를 살피는 것은 아이 적부터 생긴 우리의 해묵은 버릇입니다. 상대가 나를 어떻게 볼까 미리 걱정합니다. 상대가 나를 어떻게 보든 그것은 그 사람 몫인데도 내 것으로 삼아 걱정합니다. 이 걱정이 커지면 대인 공포증, 사회 공포증, 적면 공포증 같은 병이 되고 맙니다. 빈대 잡으려다 초가삼간 태우는 격이지요.

호랑이 이야기를 또 하나 해 볼까요.

> 호랑이를 그리던 화가가 갑자기 뛰쳐 나오면서 도망갑니다. 친구가 왜 그러냐 묻자 뒤를 손가락질하며 호랑이가 쫓아온다는 겁니다. 친구가 뒤를 보니 쫓아오는 호랑이는 없고 호랑이 그림만 있습니다. 워낙 생생히 잘 그려 마치 살아 있는 호랑이같았지요.

이 이야기의 호랑이처럼 걱정과 우려가 지나치면 현실이 됩니다. 그러면 그 경험이 강화되어 나중엔 비슷한 상황을 떠올리기만 해도 놀라고 당황하고 어찌할 바를 몰라 허둥대며 그 상황을 피하려 도망칩니다.

이 모든 배경에는 모두 관심받고자, 인정받고자, 사랑받고자 갈구하는 아이가 있습니다. 거부당할까 봐 부들부들 떠는 아이는 힘센 가해자에게 매달리고 굴종합니다. 조금이라도 불편을 주어 사랑을 잃을까 봐 대들지도 못합니다. '아니오'라는 자기 의사를 표할수 없게 되고 맙니다. 침묵으로 의사 표시를 해 보아도 상대는 오히려 나약함을 확인하고 더욱 무안 주는 것으로 자신의 우월함을 과시합니다. 아이는 결국 힘센 가해자 무리에 속해 굴종하거나 따돌림 당하여 고립되는 삶이 반복됩니다. 이런 애증의 지배-종속 관계는 집단 간, 국가 간에도 동일하게 일어납니다.

어떻게 해야 할까요? 우선 상처받은 아이를 안아 주어야 합니다. 먼저, 눈치 보고 있음을 바라보고, 눈치 보기가 언제부터 시작되었는지 살펴보고, 그 아픔까지 들여다보아야 합니다. 그때 그 아이가되어 아픔을 함께 느끼고, 그때는 표현하지 못한 아픔과 억울함, 분노를 표현할 수 있어야겠습니다. 이제는 그렇게 숨죽이고 참지 않아도 된다고 이야기를 들어주고 격려합니다. 탓하고 눈치 보며 자신을 보호하던 해묵은 습관에서 벗어나는 길은 그리하고 있음을 자각하는 것에서 시작됩니다.

몸과 마음의 주체인 에고가 눈치 보고 있음을 알아차리고 바라보노라면 에고의 쓸모없는 애씀이 연민으로 다가옵니다. 더 이상

에고를 보호할 필요가 없으므로 에너지 소모도 없고, 있는 그대로
가 좋아 꾸미지 않으니 자연스러워집니다. 자연과 하나 되고 이 세
상 모두와 연결된 소통의 삶이 되는 거지요. 삶을 떠난 깨달음은 없
습니다. 어떤 실패도 실패가 아니고 어떤 고통도 고통이 아닌 것은
그것들이 무언가 깨우쳐 주고 가르쳐 주기 때문입니다. 고통은 스
승입니다. 이것이 고통이라는 성스러운 자리, 고성제苦聖諦입니다.

  유명 작가 헤르만 헤세는 『데미안』, 『싯다르타』 등 걸작을 내기
까지 정신적 방황과 고뇌가 깊어 정신 치료를 받기까지 하였습니
다. 아들은 뇌수막염, 아내는 우울증, 본인은 조국 독일로부터 많은
비난을 받는 등 고통이 극심했는데 그림을 그리기 시작하면서 안
정을 되찾았지요.

> 고통을 사랑하라. 거부하고 도망다니지 말라. 고통을 거부하면
> 아픔을 줄 뿐.
> 고통과 함께 한다면 고통이 고통이 아니며 죽음이 죽음이 아닌
> 것을.
> 인생에 주어진 의무는 '그저 행복하라'는 한가지 의무이다.

  이런 주옥같은 글도 고뇌와 우울을 깊이 맛보고 고통을 성찰한
후에 우러난 것들입니다. 행복은 그저 오는 게 아니라는 것이지요.

돈, 물건, 사람 등 조건으로 얻어지는 게 아니라 고통이 사라져야 행복해집니다. 어떤 조건이 충족되어야 얻어지는 것은 그 조건이 사라지면 함께 잃게 됩니다. 진정한 행복이 아니지요. 고통을 경험하고 그 의미를 깨달아야 행복할 수 있습니다.

* 습관적인 탓하기와 눈치 보기의 위험

습관화된 마음은 끊임없이 되풀이되는 경향이 있어 우리를 쉽게 지배합니다. 몸과 마음의 주체인 에고의 방어 기제는 자신을 보호하기 위해 생겨난 것이지만 자신에 대한 강력한 집착과 애착을 낳습니다. 자신에 대한 보호가 지나쳐 이기심이 되면 그것이 다른 사람을 해치는 원인이 되고 결국 자기 자신마저 해치게 됩니다.

에고의 이기적인 생각이나 행동은 부정적인 카르마(業業)로 무의식에 저장되어 현재와 미래에 지속적으로 영향을 미칩니다. 일단 무의식에 입력되면 마음대로 조절할 수 없게 됩니다. 무의식에 입력된 카르마는 반복적으로 현실에 등장하곤 합니다. 부정적인 습관인 줄 알면서도 고쳐지지 않는 성향들이 그것입니다. 에고를 애지중지하는 한 에고는 우리의 삶을 지배하는 주인이 되고 맙니다. 우리의 부정적인 카르마-생각, 감정, 욕망, 행위-는 모두 에고에 대한 집착과 애착으로부터 일어난 것입니다. 이것을 자각하지 못하면 남에게 탓을 돌리는 모든 분쟁의 원인이 됩니다. 이처럼 자기중심적 이기심, 에고이즘은 자신과 다른 생각을 가진 것에 대한 반감에서 시작해 비난하고 삿대질하며 혐오감과 적대감을 키워나갑니다. 남에게 해를 끼치지 않는다며 화를 참고 안으로 돌리면 우울증, 화병이 되거나 자신을 자책, 비난, 처벌하여 자해나 자살에 이르기도 합니다.

이처럼 에고이즘은 살아가면서 모든 불행과 장애를 끌어당기는 강력한 힘을 가지고 있습니다. 에고이즘을 해체시킬 강력한 해독제는 무엇일까요?

그것은 이타심입니다. 붓다가 무아를 천명한 이유입니다. 에고는 가짜 나이고 진짜 나는 모든 존재와 연결된 존재입니다. 이타심은 남의 고통을 나의 고통으로 여기는 동체대비同體大悲의 자비심입니다. 히틀러가 게르만 선민 사상으로 국민을 선동하여 유태인을 무차별 학살한 것도 민족적 에고이즘에서 비롯된 것입니다. 그러했던 나라, 독일이 외국인 난민을 117만 명이나 받아들인 것은 놀라운 변화입니다. 모든 국가가 자국의 이익 보호를 외치며 난민 수용을 거부할 때에 말이지요. 이것은 자신의 잘못을 깊이 인정하고 피해자들의 고통을 자각한 결과입니다.

에고는 상처받는 것에 대해 분노, 걱정, 두려움으로 민감하게 반응하고 자기 자신을 소중하게 여깁니다. 반면에 본연의 마음은 다른 사람들의 고통에 공감합니다. 자비로운 마음은 모든 치유의 근원입니다. 자비로 충만한 마음을 갖춘다면 고통의 원인인 부정적인 카르마는 정화될 것입니다. 비난하고 탓하는 대신 문제의 해결을 위해 노력합니다. 자신의 이익 대신 자신을 희생하는 헌신을 택하기도 합니다. 살신성인은 의인이나 성자들의 전유물이 아닙니다. 불안을 무릅쓰고 전염병이 창궐하는 현장에서 분투하는 의료인 자원봉사자들이 그 예입니다. 마음의 본성이 발현된 거지요.

상처받은 기억
마주하기

눈을 감고 조용히 삶을 돌아보세요.

어린 시절을 돌아봅니다. 떠오르는 기억이 무엇이든 허용하겠다는 의도를 명확히 합니다.

아무리 두렵고 아픈 기억이라도 기꺼이 마주하리라 결심합니다.

무엇이 떠오르나요?

떠오르는 장면과 사건에 집중하여 그때 겪은 아픔, 두려움, 분노, 좌절, 당혹, 외로움 등을 경험합니다.

그 두려움이, 아픔이 나를 어떻게 행동하고 반응하게 만들었나요?

두려움의 세계에 빠지게 만드는 일이 반복되었고, 그 두려움을 겁내게 되었음을 자각합니다.

그 두려움을 따뜻하게 안아 주세요.

내면의 진실이 자각되지 않는 한 우리는 모두 거짓말에서 벗어날 수 없습니다. 가짜 나에게 속지 않으려면 나 자신과 대면하는 것이 우선입니다.

※ 명상 중 경험과 깨달음을 기록합니다.

....

....

....

....

....

....

10

불만족스러운 마음의
허기와 갈증

* 불만은 완벽주의의 소산

에고는 하나를 얻으면 다른 걸 요구하고 아홉을 받아도 하나가 부족하다고 아우성입니다. 열을 다 채우면 만족할까요? 에고는 또 다른 불만거리를 찾습니다. 만족할 줄 모르는 에고의 속성 때문이지요.

에고는 무리한 요구를 끊임없이 해 대며 자신과 주변을 불편한 상태로 만들고 맙니다. 분노를 삼켜 숨기고, 복수할 기회를 엿봅니다. 자신의 욕망을 남에게, 자식에게, 배우자에게 투사합니다. 기대에 못 미치면 엄청난 분노를 자신에게, 남에게 뿜어 냅니다. 어린 시절 부모에게 표현하지 못하고 억압해 둔 분노의 감정까지 함께 폭발하고 맙니다. 누구나 실패 없는 성취와 발전을 바라지만 실패 없는 성공이 있나요? 완벽하기를 바라지만 이 세상에 완벽이 있나요? 실수하지 않기를 바라지만 실수하지 않을 수 있나요?

완벽주의에서 벗어나기 위해서는 우선 격려와 칭찬이 필요합니다. 격려와 칭찬보다 더 성숙한 반응은 "충분해, 현재 그것으로 충분해. 너는 열심히 노력했고 그 결과를 얻은 거니까 충분해." 하고 완벽하지 않더라도 그의 노력과 한계를 인정하고 존중해 주는 자세입니다. 나의 기대와 욕심을 투사하지 않는 반응이지요. 다음으로 실수한 부분을 함께 점검하고 분명히 알게 하는 과정이 필요합니다. 그 문제를 해결해 낼 수 있음을 체험하게 하여 실수나 실패에 불안해하지 않고 침착하게 대응하는 마음을 키워 주는 것입니다.

이렇게 성숙한 반응을 하기 위해서는 먼저 만족할 수 있어야 합니다. 그런데 만족하기가 어렵습니다. 왜일까요? 수양이 부족해서일까요? 수도원이나 동굴에서 고행을 하며 수양을 쌓는 것은 인내를 키우는 훈련이지 근본적 해결책은 아닙니다. 또 모두가 성직자나 수도자가 될 수도 없는 노릇입니다. 무소유가 정답일까요? 무소유의 본래 뜻은 욕심을 비우는 것이지 물질의 무소유나 물질적 가난을 말하는 게 아닙니다. 물질적으로 가난해도 마음이 만족스럽다면 그 사람은 정신적으로 많이 가진 것입니다. 반대로 아무리 많이 가진 부자라 해도 끊임없이 무언가를 원하며 불만족스럽다면 가난한 것입니다. 1억을 가지면 10억을, 10억을 가지면 100억을 바라고, 100억 부자는 1,000억 부자를 선망하고, 1,000억 부자는 재벌이 되길 원하고 재벌이 되면 이제 몇 번째 재벌이냐를 따집니다. 아무리 물질적으로 많이 가져도 행복하지 못한 이유는 자명합니다. 그것은 마음의 허기, 불만 때문입니다.

* 욕망을 알아차리고 지연시키기

정서적으로 굶주리면 늘 무언가에 매달리게 됩니다. 게임, 술, 담배, 음식, 도박, 섹스, 약물에 탐닉하거나, 일이나 종교에 빠져 중독에 이르는 등 여러 형태로 나타납니다. 심리적으로 어린 시절 채워지지 않은 의존 욕구가 자라서도 해결이 되지 않은 채 삶을 지배하는 것이지요. 현재를 살면서 과거의 족쇄에 묶인 것과 같습니다. 채워지지 않은 인간의 유아적 욕망은 독차지하고 싶은 마음에서 나아가 자기 마음대로 이 세상을 지배하려는 지배욕이 됩니다. 부모나 신으로부터 인정받고자 하는 욕망에 눈이 멀어 다른 사람들의 동등한 권리를 침탈하고서도 부끄러움이 없습니다. 이러한 욕심은 분노, 증오, 적대감으로 표현됩니다. 수많은 복수와 패륜 행위도 여기서 비롯됩니다. 이 욕망과 증오가 자신을 해치고 남을 해치며 사회적 갈등으로 치달아 평화롭지 못한 세상이 됩니다.

독점욕은 태생적입니다. 모태로부터 분리된 영아가 엄마를 찾고 독점을 원하는 걸 탓할 수는 없습니다. 그러나 인간의 인간됨은 과거의 안락에 안주하거나 집착하지 않고 나아가는 것입니다. 성장은 자립과 분리 독립의 과정입니다. 그런데 부모가 그리 자란 경험이 없다면 자신도 모르게 날선 고함과 채찍으로 아이를 예속시키고 독점 지배하려 듭니다. 효도라는 미명과 규율이라는 미덕으로 합리화하면 아이의 자율성은 성장하지 못하고 애어른을 만들거나 마마보이로 안주하게 만들지요. 적절한 욕구 좌절과 지연을 견딜 수 있는 훈련이 필요한데 그것은 이미 자라면서 겪었던 훈련이기도 합니다. 바로 동생의 출현 혹은 또래 친구들과의 교류입니다. 서로 경쟁하고 싸우면서 동지애를 키우고, 양보하고 배려하는 마음도 스스로 터득하며 성장합니다. 한없는 충족 대신 빼앗기는 아픔도 상대방의 만족을 통해 기쁨으로 바뀔 수 있음을 경험하면서 공존과 상생을 터득해 갑니다. 형제와 싸우며 화합을 터득하고 부모로부터 자립하게 되고 서로의 집착과 기대로 칭칭 얽어매는 족쇄를 느슨하게 할 수 있게 됩니다. 그것을 바탕으로 사회에 나가서도 공동체의 사랑으로 하나될 수 있음을 체득하는 것입니다.

* 외로움 안아 주기

정신분석가 에릭슨Erickson이 인간의 발달 과정을 8단계로 나눈 것은 심리 치료에 매우 도움이 됩니다. 각 단계마다 발달 과제(기본적 신뢰, 자율성, 자발성, 근면성 등)가 있는데 이 과제가 성취되지 못하면 그 미해결된 과제는 평생 숙제로 남아 삶을 지배하게 된다고 합니다. 자아가 건강한 힘을 갖추려면 충분한 의존(아낌없는 욕구 충족)이 이루어져야 하며 이 단계를 잘 거쳐야 분리 독립의 단계로 나아갈 힘을 얻을 수 있습니다. 기본 욕구가 충족되지 않으면 아이는 이 세상에서 버림받은 느낌이 들고 자신을 아무것도 아닌 비천한 존재로 여기게 됩니다. 자긍심 대신 수치심과 열등감에 휩싸인 채 아무 희망도, 기댈 곳도 없는 외로운 존재가 되고 마는 것입니다. 이 아픔은 너무 극심해서 무의식 깊이 눌러 묻어 버려야 견딜 수 있습니다. 마침내 자신이 그런 상처를 안고 있다는 사실마저 자각하지 못한 채 중독이라는 방식으로 자신을 위로하고 방어하게 됩니다. 게임이나 도박, 알코올에 중독된 이들에게 '희망을 가져라, 중독을 이겨 내라'는 공허한 주문은 또 하나의 좌절이 될 수 있습니다. 그들에겐 그 전 단계의 세심한 도움이 필요합니다. 전 단계란 마음의 상처를 보호하려고 중독의 방법을 선택한 배경을 돌아보고 그 상처를 안아 주는 것입니다.

물질적 탐닉에서 벗어나는 것, 무한 지배욕과 과시욕에서 벗어나는 것은 모두 연결되어 있습니다. 불만을 다스리는 길은 욕구에 대한 무한 충족도 아니고 자이나교도처럼 엄격한 무소유나 금욕도 아닙니다. 욕망에 대한 자각과 성찰이 불만의 진정한 해결책입니다. 불만에 대한 깊은 이해 없이 만족만 하라는 것은 바른 교육이 될 수 없습니다. 실패에 대한 관용, 일류 지향에 대한 반성, 능력보다는 품성에 대한 가치 부여 등이 불만에 대한 중도적 답일 것입니다. 사회적 의식 수준이 성숙하기 전에는 지역 차별, 학벌 차별, 민족 차별, 인종 차별, 종교 차별, 빈부 차별 등으로 인한 불만의 바이러스가 그 전파력을 높여 나갈 것이기 때문입니다. 만족할 줄 알고 감사할 줄 아는 의식의 성장만이 진정한 해결책이고 그것은 부단한 자기 성찰, 즉 멈추고 호흡을 바라보고 마음을 바라보는 연습에서 가능합니다.

불만 아래
숨은 욕망

잠시 눈을 감고 삶을 돌아보는 시간을 갖겠습니다.

욕망으로 인해 분노, 적대감을 느낀 경험을 떠올려 봅니다.

부모와의 관계에서, 배우자와의 관계에서, 자식, 친구, 동료 선후배와의
관계에서

나의 바람과 기대가 충족되지 않고 이루어지지 않고 받아들여지지 않
고 무너졌을 때 그 상실감과 배신감을 느껴 봅니다.

그리고 안아 주세요.

그때 얼마나 아팠는지 지금도 떠올릴 때마다 아프군요.

충분히 숙고한 후 눈을 뜹니다.

※ 명상 중 경험과 깨달음을 기록합니다.

11

판단하고
비교하는 마음

거울은 무엇이든 받아들이면서 어느 것도 붙잡지 않고 우리의 진실한 모습을 있는 그대로 보여 줍니다. 마음의 거울도 우리의 진실한 내면을 보여 줍니다. 이제 우리 마음의 실제 모습을 객관적 관점으로 만나 보겠습니다.

* 판단하고 비교하는 마음

에고의 중요한 속성 가운데 하나가 판단하고 비교하는 기능입니다. 판단을 내리는 기능은 소중합니다. 에고의 기능이 모두 편협하거나 부정적인 것은 아니지만 밝은 면과 어두운 면을 모두 보지 못할 때 그 폐해가 극심하여 고통에 이르므로 어두운 측면을 명료하게 볼 수 있어야겠습니다.

비교하는 마음은 상대의 능력을 우월과 열등으로 평가하여 결론을 내리곤 합니다. 자신에게도 비교의 잣대를 들이대 열등감으로 위축되거나 우월감으로 거들먹거리게 됩니다. 특히 우월감은 상대를 경시하여 설교하거나 조언하며 지배하려 드는데 이때 상대가 순응하지 않으면 엄청난 불쾌감과 반감으로 상대를 증오하게 되지요. 이처럼 비교하는 마음은 우리를 불만의 상태로 몰아 넣습니다. 비교는 보다 완벽한 아내, 보다 완벽한 남편, 보다 완벽한 자녀, 완벽한 부모를 요구하지만 삶에서 완벽함이 존재하던가요? 우리가 바라는 완벽한 구원, 완벽한 행복은 존재하지 않는 신기루와 같아서 갈증이 채워지지 않습니다. 불만의 그림자들이 우리를 얼마나 불행하게 만드는지요? 비교하고 판단해 내린 결론에 얽매이고 경직되면 편협하게 되고 결국 관계에서 충돌합니다.

황희 정승의 일화입니다. 하루는 정승이 퇴근하여 오니 집안이 시끄럽습니다. 하인들끼리 다투는 고함 소리와 그걸 나무라는 청지기의 호통소리가 섞여 있습니다. 정승은 자초지종을 묻습니다. A 하인이 답합니다. 이러이러해서 자신이 옳다고 합니다. 정승이 "그래 네 말이 옳다." 하자 B 하인도 질 새라 자신이 옳은 이유를 댑니다. 그러자 정승은 "그렇구나, 네 말도 옳다." 합니다. 옆에서 나무라고 호통치던 C 청지기가 정승에게 항의합니다. "대감 마님, 둘 가운데 하나는 옳고 하나는 그릇된 것인데 둘 다 옳다하심은 부당합니다." 그 말을 들은 정승은 불쾌해하지 않고 "네 말도 옳구나."라고 답합니다.

멋진 판결을 기대하던 사람들은 각자의 부족함을 돌아보게 되었지요. 편들기는 분쟁을 악화시킬 수 있습니다. 어느 한 쪽이 옳다고 평가하지 않고 모두를 수용하는 지혜가 놀랍습니다.

인물 A, B, C는 우리 내면에 있는 자화상들입니다. 서로 갈등하는 자아와 이를 중재 또는 심판하는 자아이지요. 그리고 정승은 이 모든 것들에 속하지 않고 배경에서 바라보고 지켜보는 '순수한 자기'입니다. 모든 걸 허용하면서도 그 어느 것에도 속하지 않습니다. 이런 편견 없는 바라봄이 진정한 이해를 낳는 묘약입니다. 수용, 포용, 전체를 아우르는 넓은 시각, 모든 이를 배려하는 인자한 마음은 자존심의 날세움과는 다른 차원이군요. 같은 마음을 쓰는데 어떻게 이리 달라질 수 있을까요? 이 일화는 의식의 층위가 다양하다는 걸 말해 줍니다.

누구나 정승의 의식 수준으로 성장할 수 있습니다. 정승의 마음처럼 포용과 통합이 가능하려면 무엇이 전제되어야 할까요? 그것은 모두의 이야기를 있는 그대로 들어주는 자세, 경청입니다. 경청은 공감이자 수용이요 상대를 인정하고 존중하고 포용하는 것입니다. 주의 깊게 들어주는 그 자체로 상대방은 인정받는다고 느끼고 우호적인 감정, 친근감, 존중감, 사랑의 마음이 일어나게 됩니다. 이렇게 갈등과 분쟁의 상황에서 경청과 공감은 관계의 뒤틀림을 바로잡고 삶 전체를 치유합니다. 경청이 있으면 바른 이해와 공감이 뒤따르게 됩니다.

* 편견 없이 보고 듣기

상대방의 마음을 이해하려면 잘 보고 잘 들어야 합니다. 잘 보고 듣는다는 것은 그 사람 마음 그대로를 이해한다는 것인데 이는 자신의 가치관이나 선입견으로 굴절시키지 않음을 말합니다. 종교, 사상, 신념으로 무장된 상태에서는 있는 그대로 볼 수 없습니다. 특히 치유되지 않은 상처를 안고 있는 사람이 타인을 치유한다는 것은 기만일 수 있습니다. 굴절된 시각이나 주입된 신념으로는 온전한 치유가 일어나지 않습니다. 모든 것으로부터 자유롭고 물들거나 흔들리지 않는 평정하고 평등한 마음의 상태를 중립성이라 합니다. 나와 너의 입장이 아닌 제삼자의 시각에서 보는 것이지요.

바른 이해는 자신의 신념이나 경험을 내세우지 않고 굴절 없이 보는 것만으로는 불충분합니다. 겉으로 보는 현상과 내면에 잠재한 뿌리가 다르기 때문이지요. 흙 밖으로는 고구마 꽃이 피었는데 흙

속을 캐 보면 고구마 줄기가 넝쿨 넝쿨 뻗어 있는 것처럼, 한 덩이로 보이는 양파 껍질을 까면 또 껍질이 나오는 것처럼, 속마음까지 살펴보아야 상처를 치유할 수 있습니다. 상대방의 말을 새겨 듣지 않고 상대방의 마음을 이해할 수는 없습니다. 자기 말만 하고는 대화를 나눴다고 하는 경우가 많습니다. 혹시 상대방의 말은 반도 채 듣지 않고 끊고서 자기 생각과 입장만 옳다고 우기지 않나요? 모든 다툼에는 이렇게 자기중심적인 이기주의가 도사리고 있습니다. '자신을 인정해 달라', '내가 옳고 너는 그르니 네가 고쳐라' 하고 말이지요. 그래서 다툼은 평행선을 긋습니다.

올바르게 본다는 것은 얼마나 중요한지요? 겉만 보고 판단해 버리는 경우, 부분만 보면 옳은데 전체를 보면 그렇지 않은 경우가 많습니다. 작은 것을 얻고 큰 것을 놓치지는 않았는지, 상대의 훌륭한 부분이 조그만 시비 분별에 의해 모두 부정되어 버리지는 않았는지 돌아봅시다.

* 내면을 탐구해 들어가는 힘, 숙고 명상

'마음이 모든 행위의 주인이니 마음을 잘 보고 다스려라, 분노로는 문제를 해결할 수 없다.'

이것은 어떤 특정 종교적 가르침이 아닌 삶의 법칙입니다. 바다에는 거친 파도만이 아니라 잔잔한 파도도 있습니다. 명상의 가장 좋은 점은 격한 감정들을 장애물로 여기기보다 마음공부하기 좋은 재료라고 생각하는 것입니다. 분노나 욕망, 원망 같은 강렬한 감정이 떠오를 수도 있지만 그런 격한 파도가 가라앉으면 본래의 잔잔한 바다가 되듯이 생각이나 감정이 거친 파도가 되어 몰아칠 때에 호흡에 주의를 모으고 심호흡을 하면서 포효하는 감정을 바라보면 아무리 난폭한 감정일지라도 저절로 가라앉음을 봅니다.

심호흡을 통해 마음이 어느 정도 안정을 되찾으면 다음 단계는 어떻게 그런 격랑에 휩쓸리게 되었는지 그 발생 과정을 숙고해 볼 차례입니다. 대체로 감정은 무의식 깊은 곳에서 발원하는 경우가 많습니다. 마치 화로의 재 깊숙이 묻힌 불씨와 같습니다. 평소엔 없는 것처럼 보이다가도 바람이 불면 불씨가 되살아나 큰 불을 만드는 것이지요. 그 바람에는 무엇이 있을까요? 에고의 비교하는 마음, 분별하는 마음이 작용하고 있지 않나요? 어떤 기대나 평가가 배경에 있었는지 알아차리는 것이 중요합니다.

기대란 무엇인가요? 예상했던 것, 바랐던 것, 자신이 원했던 그무엇입니다. 평가란 무엇인가요? 비교하여 우열을 재는 것, 비교하여 시비를 따지는 것, 비교하여 선악을 판단하는 것입니다. 그렇다면 평가 기준은 무엇이며 그 기준은 어디서 생겨났을까요? 그 기준은 이미 습득된 원칙으로서 옳다고 굳게 믿는 신념 아닌가요? 그 신념은 어디서 생겨났나요? 부모님에 의해서, 교육에 의해서, 사회

규범에 의해서, 종교적 원리와 오랜 전통에 의해 생긴 신념이 아닌 가요? 내가 직접 터득한 깨달음이 아니라 듣고 배우고 반복 학습된 남의 지식 아닌가요? 그러니 신념은 모두 외부에서 주입된 것이라고 볼 수 있겠군요.

자, 이렇게 탐구해 들어가는 게 숙고 명상입니다. 붓다는 깨달음에 이르는 일곱 가지 요소 중 이것을 택법각지擇法覺支라 하였지요. 고요히 집중된 선정을 바탕으로 분석·사유하는 과정입니다. 그래서 명상을 기존의 지식과 신념을 해체시키는 작업이라고 합니다. 강력한 해독제는 외부의 그 무엇이 아니라 빈 배처럼 자신의 내면을 조용히 응시하는 힘입니다. 그러나 해체 작업은 단순히 마음을 고요히 가라앉히고 통일시키는 것만으로는 부족합니다. 그 집중된 마음 상태에서 사유하고 숙고해 보아야 합니다.

✻ 단순한 앎이 아닌 '통찰'

고통의 발생 과정을 낱낱이 보기 위해서는 에고가 분별·비교·판단·평가하고, 좋아하여 집착하거나 싫어하여 배척하는 반응을 바라볼 수 있어야 합니다. 알아차림이 없으면 비슷한 상황에서 또다시 반복되는 마음의 고통을 겪기 때문입니다. 이러한 고통의 악순환을 끊기 위해서는 숙고와 성찰에 의한 '깨달음'이 필요합니다. 그러려면 먼저 마음을 바라볼 수 있어야 합니다. 일상에서 떠오르는 생각이나 일어나는 감정을 무시하거나 냉대하지 않고 귀한 손님처럼 대하며 바라보아야 하겠습니다. 이렇게 마음을 바라볼 수 있게 되면 무의식에서 억압된 감정이 자유롭게 풀려나기 시작합니다. 이것이 정신 치료의 핵심이고 통찰 명상의 요체입니다.

에고에서 벗어나 순수하게 바라볼 수 있다면 마음의 고향에서 고요하고 평화롭게 쉴 수 있습니다. 우리에겐 격랑의 바다도 있지만, 평화로운 바다 또한 본래 갖추어져 있기 때문입니다.

비교하고 판단하는 마음을 바라보고 자각해야 비로소 비교를 중지하고 온전히 전체를 관조하게 됩니다. 이렇게 바라보고 살펴보는 가운데 의식이 확장됩니다. 의식의 확장과 성숙은 우리가 끊임없이 익혀야 할 과제입니다. 의식 성장을 추구하는 자기실현의 욕구는 탐욕과 궤를 달리합니다. 탐욕은 의식을 퇴행시키지만 자기실현 욕구는 이기적 욕망을 이타적 헌신으로 발전시킵니다. 나만의 이익에서 사회적 공헌으로 행동 범위가 확장되는 것이지요. 중생심에서 벗어나 보살의 삶을 살게 됩니다. 보살의 이타적 삶은 상대방도 나와 동등하다는 자각에 따른 공동선의 삶입니다.

숙고 명상
• • •

생각과 감정의
거친 파도

잠시 눈을 감고 마음을 바라봅니다.

마음이 편치 않고 들떠 있거나 침체되어 있나요?

호흡을 주시하세요.

호흡이 가지런해져 편안하게 쉬어질 때까지 호흡해 보세요.

하나 둘 셋 하고 들이마시고, 하나 둘 셋 하고 내쉬며 잠깐 호흡의 끝을 느껴 봅니다.

다시 하나 둘 셋 들이마시고, 하나 둘 셋 내쉬며 잠깐 호흡의 틈새를 바라봅니다.

2분간 호흡합니다.

파도의 격한 정도에 따라 시간이 걸리기도 합니다.

늘 호흡과 함께 하는 것이 중요합니다

마음이 어느 정도 안정을 되찾았나요?

이제 어떻게 하다 그런 격랑에 휩쓸리게 되었는지, 그 발생 과정을 숙고해 볼 차례입니다.

※ 명상 중 경험과 깨달음을 기록합니다.

12

마음의 눈을 가리는
거짓 신념

'세 살 버릇 여든 간다'는 속담은 심리학적으로 진리입니다. 어린 시절 형성된 신념의 굴레는 성향으로 굳어져 평생을 좌우하기 때문입니다. 어떤 상황에서 제일 먼저 반응하는 것은 느낌입니다. 느낌과 감정 이후에 자동적으로 이어지는 생각들이 있습니다. 이 생각들을 찬찬히 살펴보면 일정한 틀, 신념을 발견하게 됩니다. 어린 시절 경험으로 생긴 신념들은 무의식에 뿌리 깊이 자리 잡아 우리의 감정을 좌우하고, 나아가 행동까지 지배하며 평생을 호령합니다.

마음속에 올라오는 생각과 에고가 만들어 내는 이야기에 주목하면 그 생각의 배경도 자동적으로 떠오르게 됩니다. 이 배경과 조건을 통찰하기 전에는 세 살 버릇이 죽을 때까지 지속됩니다. 그 가운데 대표적인 것이 거짓말이지요. 자신이 불이익을 당할까 봐, 사랑받지 못할까 봐, 인정받지 못할까 봐 두려운 나머지 거짓을 지어내기 시작합니다.

* 거짓과 진실의 차이

사실과 거짓의 차이는 무엇인가요? 사실과 진실의 차이는 또 무엇인가요? 가짜 뉴스와 그릇된 정보가 넘치는 세상입니다. 그것의 일부분은 사실에 입각해 있기에 그럴싸해 보이지만 진실은 아니지요. 일부만이 사실이고 나머지는 조작이나 추측이라면 진실성은 사라집니다. 진실하다는 것은 처음도 중간도 끝도 사실에 부합되어야 한다고 붓다는 강조합니다.

우리는 누구나 거짓말을 하고 있습니다. 거짓말은 어떻게 생겨날까요? 사실의 왜곡은 어떻게 일어날까요? 눈을 감고 숙고해 봅니다. 진실을 보는 자아와 그것이 두려워 감추려는 자아가 우리 내면에서 충돌합니다. 우리가 어떻게 사실을 덮어 버리고 환상에 지배를 받고 있는지 깊이 성찰해 보겠습니다.

우리는 우물 안 개구리처럼 자신의 관점에서만 바라보고 다른 것은 보지 않고 외면해 버립니다. 사소한 것을 침소봉대하여 전체로 여기지요. 사실이나 상황을 주관적인 관점에서 마음대로 해석하고 그것을 사실인 양 믿으며 거기에 그럴싸한 포장을 더해 퍼뜨립니다. 충분한 근거 없이 추측하고 상상하여 사실을 예단합니다. 또한 그것을 믿고 거기에 따라 행동합니다.

상대방의 마음을 자기 나름으로 추측하여 그것에 매달립니다. 상대방의 감정이나 생각을 있는 그대로 받아들이지 못하고 자신의 입장에서 억측하여 그것이 사실인 것처럼 믿어 버립니다. 자신을 두둔하고 보호하기 위해 사실을 교묘히 꾸미고 장식하기도 합니다. 전혀 새로운 이야기를 만들어 내거나 덧붙이기도 합니다. 모두 사실을 왜곡하고 진상을 보기 어렵게 만드는 에고의 방어 기제들이지요. 이렇게 거짓만 거짓이 아니라 수없이 양산되는 추측, 억측, 왜곡된 견해와 신념도 모두 거짓입니다.

우리는 거의 본능적으로 자신의 결점을 숨기려 합니다. 왜 그럴까요? 우리가 언제 거짓말을 하고 왜 상대를 속이려 하는지 살펴보면 알 수 있습니다. 거부당할까 봐 두려운 건 어려서 그처럼 거부당한 경험이 있기 때문입니다. 실패를 모르고 또 실수가 부끄럽지 않던 영유아 시절, 모든 것이 수용되었던 황금기를 지나 훈육의 시기를 거치면서 부끄러움과 수치심을 느끼고 자존심이 손상되어 상처받지 않으려고 결점과 실수를 은폐하기 시작했습니다.

판단은 사실에 입각하지 않으면 아무리 훌륭해도 잘못되기 마련입니다. 어디까지가 사실이고 어디부터가 나의 주관적 판단일까요? 판단 또한 과거의 경험과 지식에 근거합니다. 그 가운데 과거 경험은 기억에 보존됩니다. 그런데 기억은 사실과 다를 수가 있습니다. 의식의 창고인 무의식에 수록되고 저장된 내용이 회상을 통해 기억되는 과정에서 변형이 일어납니다. 무의식적 조작이 일어나는 것이지요. 조현증의 경우 망상적 변형이 환상적 기대와 함께 버무려진 기억을 만들어 내기도 합니다. 잠자는 동안 꿈을 만들어 내는 과정과 유사합니다. 기억 변형은 상징화, 합리화를 통해 은폐하고 싶은 것들이 의식에 드러나도 괜찮을 정도로 변형되지요. 기억의 편집도 일어납니다. 기억 회상을 통해 두 사건의 일부가 서로 혼합되어 새롭게 기억되기도 합니다. 그런데 이 과정은 무의식적으로 이루어져서 우리는 그 사실을 자각하지 못합니다. 그래서 거짓말을 하면서도 자신은 자각하지 못하는 것입니다.

상처에 대한 자기 방어가 있는 한 거짓은 여러 형태로 우리의 삶을 지배하게 됩니다. 결점을 숨기고 상처를 덮어 버리고 남의 기대에 부응하기 위해 분투하고 자신이 불완전하고 무가치하다는 패배 의식과 노예 의식에 사로잡히게 되지요. 실패를 두려워한 나머지 결점 숨기기에 급급하다면 발전은 없습니다. 이러한 노예적 상태를 역전시키려면 결점을 마주 바라보고 인정해야 합니다. 결점을 깊이 살펴서 분명히 자각하고 따뜻하게 안아 주면 더 이상 결점이 아니게 됩니다. 자신감과 자존감이 회복되고 당당하게 살기 시작합니다. 노예에서 주인이 되는 거지요. 치유와 성장을 통한 영적 재탄생입니다.

* 진실을 가리는 욕망과 신념의 구름

> 빠르게 걷는 신통력을 가진 로힛짜 선인은 하루에 1,000리씩
> 달려 세계의 끝을 보리라 결심하고 죽을 때까지 쉬지 않고 힘껏
> 달렸습니다. 잠깐 먹고 마시는 시간과 잠자는 시간을 빼고는 열
> 심히 달렸지요. _『상윳타 니카야』

그는 세계의 끝에 도달했을까요? 붓다는 아무리 빠른 수단으로
도 세계의 끝에 도달할 수는 없다면서도, 세계를 통달할 수는 있다
고 합니다. 눈과 귀, 코와 혀, 몸을 통하여 인식되는 세계와 마음으
로 짓는 세계는 투철하게 알 수 있다고 합니다. 그래서 붓다를 인식
된 세계를 모두 아는 자인 '일체지자—切知者'로 표현합니다. 마음에
서 일으킨 번뇌의 구름들을 잘 보고 제거하는 작업이야말로 가장
수승한 신통력이라는 것이지요.

마음이라는 공간에 원치 않는 생각이나 감정의 구름에 휩싸일
때가 많습니다. 부정적인 생각은 없애려 하거나 억누르려 해봐도
잘 되지 않습니다. 오히려 더욱 힘이 세집니다. 긍정적인 생각으로
대치하려 해도 잘 안되고 의지로 해결할 수 없기도 합니다. 일시적
으로 생각을 없애기는 오히려 쉽습니다. 그러나 부정적인 생각의
굴레에서 벗어나기는 어렵습니다. 감정과 연결된 무의식에서 올라

오기 때문입니다. 그래서 분석적 심리 치료가 등장하였지요.

＊숙고 명상과 심리 치료

현재 보이는 모습을 깊이 본다는 것은 그 형성 과정, 즉 역사를 본다는 것이고 이는 과거와 연결된 맥락을 본다는 것입니다. 과거 환원주의라고 매도하지만 과거의 반성 없이 현재의 생각이나 신념이 바뀌기는 어렵습니다. 과거에 토대한 현재이기 때문이지요. 과거의 경험은 기억과 인지만으로 구성된 결합물이 아닙니다. 그 핵심에는 감정이 응축되어 있고 이 감정이 풀려나야 비로소 자유로워집니다. 이 감정의 족쇄로부터 벗어나기 전에는 마음의 상처로부터 자유로울 수 없습니다. 이 족쇄가 풀릴 때 해방감과 함께 행동과 삶의 양식이 바뀌게 됩니다. 문제되는 행동을 반복했던 악순환에서 벗어나 비로소 관점과 생각하는 패턴도 변화하게 됩니다. 그래서 과거에 대한 조사와 탐구는 과거 환원이 결코 아닙니다. 발전과 성장을 위해 필수적인 과정인 것이지요. 기억 속에 꼭꼭 묻어 두었던 상처를 헤집어서 무엇 하느냐고들 하지만 때로 수술을 할 때는 개복 수술이 필요합니다. 상처가 곪아 있는데 그것을 덮어 버리면 더 큰 병으로 발전하기 때문입니다. 과거를 용서하기 어렵지만 잘못을 확실하게 알고 뉘우친다면 용서 못할 과오도 없습니다.

숙고 명상과 심리 치료는 현재와 미래에 강한 영향력을 행사할 어린 시절의 상처를 보살핍니다. 어려서 충분히 사랑받지 못했는지, 충분히 화내지 못했는지, 충분히 요구하지 못했는지, 충분히 슬퍼하지 못했는지 등을 두루 살펴 보듬어야 합니다. 그러기 위해서흔히 쓰는 기법이 상상력을 기초로 한 '연상'입니다. 마음속 깊은곳에 간직된 내용들을 떠오르게 하는 연상 기법은 심리 치료의 꽃이라 할 수 있습니다. 설득이나 행동의 수정, 인지 치료에서는 큰비중을 차지하지 않지만 무의식을 다루는 분석적 심리 치료에서는필수적입니다. 무엇이 떠오르는지, 어떤 생각, 어떤 기억, 어떤 기분이 드는지 물어보는 것입니다. 적절한 상황에서 건네는 공감적 질문은 연상을 촉진시킵니다. 주입식 교육이나 설교는 연상을 억압합니다. 강의나 책을 통한 정보만으로는 마음이 치유가 되지 않은 것도 같은 맥락입니다. 연상을 자유롭게 허용하는 것은 내담자의 자발성을 성장시키고 자기 자각력을 높이는 데에도 기여합니다. 마침내 지금껏 자각하지 못한 해묵은 자신의 문제를 깨닫게 되는 통찰의 단초가 됩니다. 괴로움에 신음할 때 그 괴로움에서 벗어나려 발버둥 치는 대신 내면으로 눈을 돌려 어떻게 이 괴로움이 발생하였고 어떻게 괴로움을 소멸시킬 수 있는가를 명료하게 알면 그것이깨달음입니다.

표면적인 사실과 함께 이면의 진실도 보아야 합니다. 사물의 이면까지 보지 않으면 기만과 허위에 놀아납니다. 겉으로는 진실한데 사실이 아닌 경우도 있고, 겉으로는 사실인데 진실하지 않은 경우도 있습니다. 겉이 탐스럽고 먹음직해 보이는 과일도 독이 들어 있다면 먹지 않는 것처럼 실상을 파악하는 일이 중요합니다. 여실지견如實知見, 있는 그대로 보라고 강조한 붓다의 가르침은 삶을 떠나면 무의미합니다. 실상을 보는 지혜야말로 인간과 세상을 구하는 진정한 자비입니다. 사실과 진실의 차이가 이러하므로 겉으로만 판단하지 않고 부분으로 전체를 단정 않는 것이 바른 견해입니다. 모든 다양성을 인정하고 차별 속에서 평등함을 보는 바른 시각이지요. 바른 견해를 정립하면 삶은 안정 궤도에 진입합니다. 바른 견해 없이 깨달음이나 구원은 불가능합니다. 거짓 신념에 대한 집착을 내려놓고, 신념에 대한 맹종을 늘 경계하는 것이 핵심입니다.

나를 지배하는 모든 신념들을 적어 봅니다. 특정 상황에서 같은 생각이 반복되는 것을 보고, 해결 방식도 똑같이 되풀이되는 것을 봅니다.

어디까지 사실이고, 추측하여 덧붙이고 만들어 낸 거짓은 어디인지 면밀히 살펴봅니다.

얼마나 거짓말을 하며 살고 있는가를 자각하여야 진실한 삶을 살 수 있습니다.

자각과 성찰이 없으면 자신을 속이고 세상을 속이는 거짓된 삶, 에고에 휘둘리는 삶이 되고 맙니다.

이때 에고를 잘 이용해야 합니다. 개념화도 필요합니다. 그러나 지배당하지는 않아야 합니다. 에고에 지배당하지 않고 잘 부리면 온전히 삶의 주인공이라 할 수 있습니다.

※ 명상 중 경험과 깨달음을 기록합니다.

....

....

....

....

....

....

13

진정한
마음 비움의 원리

마음은 상처에 대해 방어적으로 반응하는 데 익숙해진 지 오래되었습니다. 인류는 오래전부터 수많은 물리적 위험과 정신적 위협으로부터 자신을 지키기 위해 무의식적으로 방어 기제를 사용해왔습니다. 명상은 일련의 반응 과정을 잘 들여다보아 이러한 방어 체제를 해체하는 작업이라 할 수 있습니다. 해체 작업은 현재 불편한 감정 상태 또는 감각을 바라보고 경험하는 것에서 시작합니다. 정신적·신체적 고통을 없애려고 버둥대거나 도망치기 급급한 것이 아니라 자애롭게 바라보고, 자애롭게 받아들이고, 자애롭게 안아주는 것입니다.

마음속에 상처를 갖고 있으면 고통스럽기 때문에 우리는 이를 무의식 깊숙한 곳으로 밀어 넣고 망각해 버립니다. 표면 의식에는 조건화 기제라고 하는 길들임만 남게 되지요. 실패가 예견되는 상황이 되면 그 아픈 상처를 다시 받고 싶지 않기에 두려움이라는 공포 반응으로 처리합니다. 대체로 상황을 돌파하는 대신 혼비백산하여 회피 모드를 작동시키지요. 이는 무의식적으로 작동해 남을 탓하고 비난하는 형태로 나타납니다. 이 또한 공포 반응이란 것을 깨닫기 어렵습니다. 무의식적이기 때문입니다. 그리하지 않으려 해도 통제가 불가능합니다. 이럴 때는 어떻게 해야 할까요?

직면해야 합니다. 상처받은 상황으로 돌아가야 합니다. 그 상황을 무의식에서 떠올려 그때 얼마나 아프고 힘들었는지 안아 주어야 합니다. 충분히 경험되지 않은 상처가 치유되지 않고 계속해서 현재를 망가뜨리고 있음을 보아야 합니다. 억압하거나 회피하지 않고 대면하는 길, 이 길만이 조건화 기제에서 자유로워지는 길이며, 자신에게 의지하라는 자귀의의 진정한 뜻이기도 합니다. 상처를 대면하는 것이 혼자서는 힘들 수 있으니 스승 또는 전문 지도자로부터 안내를 받는 것이 좋습니다.

* 두려움, 스스로 지어낸 상상

상처를 더 깊이 들여다보면 두려움이 사실이 아니라 내가 만든 상상이라는 것을 알 수 있습니다. 실제 상황이 아니라 마음이 결과를 상상하고 최악의 상황을 가정하고 있음을 알아차립니다. 자신이 스스로 지어낸 환상을 실재라고 믿는 중에 일어난 일련의 과정을 살펴봅니다. 두려움이 실재가 아니라 내가 만든 허구임을 깨달을 수 있습니다.

어둠이 찾아온 저녁, 어떤 소년이 늘 다니던 골목길 저 앞에서 뱀을 봅니다. 무서움에 떤 나머지 그 길을 가지 못하고 되돌아 섭니다. 이튿날 아침, 어제 그 뱀이 있을까 확인해 봅니다. 뱀 비슷한 게 있는데 한참 동안 지켜봐도 움직이지 않아서 조금씩 가까이 가 봅니다. 마침내 뱀이 아니라 새끼줄임을 알게 되자 소년은 오히려 그 새끼줄을 밟으며 지나갑니다.

이 소년의 모습이 우리의 자화상입니다. 실상을 자각하면 어린 아이의 때 묻지 않은 상태로 돌아갈 수 있습니다. 넘어져도 곧장 훌훌 털고 일어날 수 있습니다. 넘어지는 일이 아예 없어지는 것은 아니라는 점에 주목하시기 바랍니다. 새끼줄을 뱀으로 오인한 자신을 바라볼 수 있으면 여유가 생기고 또 넘어져도 그다지 고통스럽지 않게 되어 어떤 상황도 직면할 용기가 생깁니다.

* 진정한 마음 비우기의 원리

선가에서는 생각을 없애야 한다는 견해가 지배적입니다. 하지만 생각 버리기나 생각 없애기 또는 생각하지 않기 등은 생각에 대한 부정적 견해에 입각한 발상입니다. 생각을 어떻게 대해야 할까요? 생각에는 부정적 생각도 있지만 긍정적 생각도 있습니다. 양자를 다 바라보고 관조하면 부정적 생각은 힘을 잃어 사라지고 긍정적 생각은 힘을 얻어 통찰로 발전합니다. 긍정적 생각들은 능동적이며 자신의 통제하에 있고, 창조적이고 성찰적이며 직관적입니다. 이들은 학문적 발견이나 발명, 예술적 작품의 결실을 가져오기도 합니다. 예지로운 생각은 삶의 나침반이 되고 빛이 되기도 합니다.

문제는 삶을 암울하게 만드는 부정적 생각인데 부정적 생각의 배경에는 현실에 대한 불만족이 있습니다. 그래서 생각은 과거로 치달립니다. 과거의 상처, 불행, 원망과 후회 등 지워 버리고 싶은 기억들은 힘이 강력해서 없애려고 하면 할수록 더욱 힘을 얻습니다. 좀처럼 떨쳐 내기가 어렵습니다. 또한 미래를 설계하기까지 합니다. 미래에 대한 걱정과 실패하지 않으려는 조바심 때문이지요. 미래에 대한 환상적 기대 역시 현실에 대한 보상 방어입니다. 이렇게 과거는 현재와 미래를 주름잡으며 우리의 마음을 호령합니다. 나의 의지와 통제를 벗어나 부풀리고 뒤틀고 채색하여 망상 수준에 이르게도 합니다.

명상은 이러한 생각들이 부정적이든 긍정적이든 그저 그대로 두고 바라보라고 합니다. 있는 그대로 바라보고 그윽히 관조하면 처음엔 따라잡기 어려웠던 부정적 생각들이 서서히 힘을 잃게 됩니다. 무질서했던 내면에 질서가 잡히고, 몽상에 가까웠던 것들이 안개가 걷히듯 형태와 윤곽이 분명해지면서 그 연원이 드러나기 시작합니다. 대체로 과거의 아픔과 관련된 기억이 떠오르고 그 장면에서 감정이 되살아나게 됩니다. 그때의 감정을 재경험하면서 당시의 아픔을 추스르게 되면 사건을 임의로 부풀린 전개 과정이 드러나기 시작합니다. 어떻게 채색되고 어떻게 비틀어서 변형시킨 것인지를 확연히 알고 나면 부정적인 생각들은 나를 깨우치기 위한 천사임을 알게 됩니다.

생각은 버릴 것이 아니고 없앨 것도 아닙니다. 저절로 사라지도록 지켜보아야 할 명상 대상입니다. 이것이 진정한 마음 비우기의 원리입니다.

그대로 두고
바라보기

살아오면서 또는 현재 느끼고 있는 두려움을 대면해 보겠습니다.

눈을 감고 호흡을 바라보고 천천히 들이쉬고 천천히 내쉬면서 온몸의 긴장을 풉니다.

가슴에서 느껴지는 대로 감각을 느껴 봅니다.

이제 삶을 돌아봅니다.

나에게 극심한 두려움을 일으킨 상황을 떠올려 봅니다.

자세히 들여다보세요. 나에게 무슨 일이 일어났으며, 내면에서는 어떤 작용이 진행되고 있나요?

되도록 슬로우 비디오를 보듯이 과정 과정을 살펴봅니다. 어디까지가 외부 상황이고, 어디서부터 내면의 작용인지 알아차려 봅니다. 처음에는 구분하기가 쉽지 않을 것입니다.

잠시 호흡을 바라본 후 다시 두려움의 상황으로 돌아갑니다.

건강, 경제적 문제, 관계의 파탄, 중요한 시험, 특정 대상이나 공간이 주는 공포…. 외적 상황은 다양하지만 마음이 일으키는 내면의 반응은 동일합니다.

어떤 과정들이 마음속에서 벌어지는지 깊이 바라보세요.

※ 명상 중 경험과 깨달음을 기록합니다.

....

....

....

....

....

....

14

생각과 감정
바라보기

삶이 괴로운 사람이 있습니다. 어떤 것도 위로가 안 되고, 어떤 해결책도 보이지 않아 캄캄한 밤과 같은 마음입니다. 쉬고 싶어도 쉴 수 없고, 잠을 자고 싶어도 잘 수 없고, 생각을 멈추려야 멈출 수도 없습니다. 겨우 잠이 들어도 악몽에 시달리고 진땀을 흘리다가 깨어나면 30분도 자지 못합니다. 너무 힘들어 죽음만을 생각합니다. 이 사람에게 괴로움은 관념적인 것이 아닙니다. 너무나도 실존적입니다. 그에겐 두려움이 있습니다. 바로 죽음입니다. 죽고 싶을 정도로 괴롭지만 죽을 때 너무 아프고 고통스러울까 봐 죽지도 못합니다. 이렇게 캄캄한 마음에 불을 밝히려면 어떻게 해야 할까요?

* 어두운 마음에 등불을 켜는 '명상'

붓다가 인류 역사상 최초로 깨달은 진리는 모든 일은 그럴 만한 인연(원인과 조건)에 의해서 생겨났다는 사실입니다. 이것을 연기법이라고 합니다. 앞서 살펴보았듯 기존의 창조론은 세상을 절대자인 누군가가 만들어 준 것이라고 가르쳤지요. 하지만 연기론은 원인과 조건에 의해 생겨나고 그 원인과 조건이 해결되면 사라진다고 합니다. 구름이 생겨나 머물다가 변하고 사라지는 것과 같습니다.

고통과 행복도 누가 만들어 준 것이 아니고 자신이 만든 것입니다. 누군가가 만들어 준 것이라면 그에게 매달리고 기도해야 해결되겠지만 그게 아니라면 바르게 보고 바르게 대처해야 되겠지요. 신들마저 한계가 있고 깨우칠 게 많은 유한한 존재라는 붓다의 말처럼 무지한 마음에 등불을 켜는 깨달음이야말로 진정한 구원일 것입니다.

선풍을 크게 일으킨 마조선사의 일화입니다. 그가 새벽부터 잠들 때까지 묵언하며 용맹정진하던 때의 일입니다. 스승 회양선사가 하루는 마조가 정진하는 선실 앞마당에서 기왓돌을 숫돌에 갈기 시작합니다. '쓱쓱', '싹싹' 돌 가는 소리가 좌선에 방해되었지만 마조는 조금도 움직이지 않고 좌선합니다. 그러나 며칠이고 계속되는 소음에 마침내 마조가 침묵을 깨고 스승께 화를 냅니다.

"스승님, 뭐 하십니까?"

"보면 모르느냐? 기왓돌로 거울을 만들려고 한다."

"아니 스승님, 아무리 열심히 간다고 해도 어찌 기왓돌이 거울이 되겠습니까?"

"너도 마찬가지다. 꼼짝 않고 앉아만 있는다고 깨달을 수 있겠느냐?"

"그럼 어찌 해야 합니까?"

"마차를 빨리 가게 하려면 수레를 때려야 되느냐, 말을 때려야 되느냐?"

잠도 마다하고 오래 앉아 고행해도, 마음을 바라보지 않으면 명상이라 할 수 없다는 가르침입니다. 앉고 서고 걷고 눕는 것에 상관없이 언제, 어느 때나 깨어 바라보면 그것이 명상입니다. 무문관이나 수도원에 들어가도 졸거나 망상에 빠져 있다면 그것은 명상이 아닙니다. 산속 동굴이나 혹독한 상황에서 면벽 좌선하는 것만이 아니라 언제 어느 곳에서나 마음에 등불을 켤 수 있다면 그것이 명상입니다.

✻ 이름 붙이기와 명료한 알아차림

명상 중 원하지 않은 생각이 자꾸 떠오를 경우, 그 생각에 이름을 붙이는 방법이 있습니다. 그 생각에 있는 중심 감정을 파악하고 요약하여 이름을 붙이는 것입니다. 이를테면 '화가 남, 화, 원망하는 마음, 원망, 무시함, 무시, 업신여김, 업신, 비교함, 비교, 뽐냄, 뽐, 조바심, 걱정, 두려움, 비관하고 있음, 비관, 나를 깎아내림, 깎아내림, 나를 책망함, 책망함' 이렇게 이름 붙일 수 있습니다. 이름을 짓고 마음속으로 되뇌어 봅니다.

생각과 감정을 알아차리고 이름을 붙이면 마음의 움직임이 명료하게 보이기 시작합니다. 막연하고 희미하게 흐르던 생각이 분명하게 떠오릅니다. 생각에 이름표를 붙인 다음 호흡과 함께 그 이름표를 떼 봅니다. 또는 지우개로 칠판의 글을 지우듯이 이름들을 지워 봅니다. 이름을 지운 마음에 좋은 생각을 지어 보세요. 그 생각에 '희망, 용기, 함께함, 믿음, 감사, 미소, 기쁨' 같은 이름을 붙여 마음 칠판에 써 봅니다. 이와 같은 연습을 하노라면 어느덧 '생각이나 감정이 밝은 쪽으로 흘러가게 됩니다. '일체유심조', 모든 것은 마음이 지어내는 것이지요.

'나는 우울해', '나는 화가 나'의 일상 모드에서 '우울한 기분', '우울함', '화가 남', '화'로 명명하는 명상 모드로의 전환은 마음을 있는 그대로 볼 수 있게 합니다. 부정적 기분이나 생각이 내가 아님을 깨닫게 됩니다. 화나 우울이 내가 아닌 감정에 불과하고 그 감정으로 파생한 비관적인 생각들도 내가 아니라는 통찰은 커다란 힘이 됩니다. 마음을 바라보고 관조할 수 있는 여유가 생기면 부정적 생각과 감정을 어루만져 주고 안아 주는 힘도 생겨납니다. 내면에 무엇이 일어나고 있는지 늘 깨어 살펴보는 명상 모드가 몸에 배고 생활화됩니다.

✻ 그대로 받아들이는 자기 수용, 숙고 명상

이제 숙고 명상으로 마무리합니다. '호흡-느낌-감정-과거의 기억'을 깊이 바라보는 일련의 연기적 관찰입니다. 마음을 고요히 하고 가슴을 열고 눈을 감고 호흡을 바라보세요. 들어오고 나가는 호흡의 리듬을 타다 보면 또다시 내면의 소음들을 만나게 되지요. 마음 창고에는 좋은 것들만 있는 게 아니라 온갖 잡동사니와 쓰레기도 공존하기 때문입니다. 끊임없이 올라오는 재잘거림은 그동안 싫다고 내팽개쳐 둔 것들입니다. 그것들은 보듬어 주고 관심 가져 주기를 바라며 칭얼거리는 아이와 같습니다. 좋은 부분도 좋지 않은 부분도 모두 내 안에 있음을 인정하고 받아들이는 것이 자기 수용입니다. 그동안 내치고 무시했던 좋지 않은 부분들을 귀하게 여기는 존중이 커지면 명상은 궤도에 진입했다 할 수 있습니다.

호흡을 바라보다가 몸의 특정 부위에 어떤 감각이 뚜렷하게 느껴지면 그 감각에 주의를 집중합니다. 늘 긴장되어 있거나 뭉쳐 있는 신체 부위에 주의를 기울이며 몸을 살펴봅니다. 긴장하는 부위를 마주하면서 이 부분에서 어떤 일이 일어나고 있는지 호기심으로 살펴보면 좋지 않은 상황을 외면해 왔음을 알아차리기도 합니다. 자신의 아픈 기억, 아픈 상처, 망각하고 싶은 트라우마들이 그 감각 안에 숨어 있음이 드러나면 깊은 자기 연민에 도달하게 됩니다. '그때, 그동안' 얼마나 아팠을까? 아파하는 아이를 안아 주고 어루만지듯이 그렇게 연민으로 대합니다. 연민 어린 알아차림으로 들이쉬고 내쉬면서 바라보고 안아 줍니다. 어떤 느낌, 감각, 이야기가 나타나더라도 호기심으로 대하고 바라보고 그것을 탐구합니다. 지혜로써 모든 법의 옳고 그름을 가려내어 취하고 버리는 것입니다. 탐구는 칠각지七覺支, 깨달음에 이르게 하는 일곱 가지 중 가장 중요한 요소인 택법각지擇法覺支에 해당합니다.

생각과 감정의
이름표

마음을 고요히 하고 가슴을 열고 눈을 감고 호흡을 바라보세요.

호흡을 바라보다가 지금 이 순간 여러분의 느낌이 어떠한지 알아차려 보세요. 어떤 감각이나 이야기가 떠올라도 허용합니다.

거기에 이름을 붙여 보세요. 가장 흔한 것은 '결림, 답답함, 무거움, 잡념, 걱정, 두려움' 등입니다. 처음에는 정확히 무엇을 경험하고 있는지 모를 수도 있어요. 그럴 때는 '모르겠음'이라고 이름 붙입니다.

이제 호흡과 함께 칠판의 글을 지우듯 이름들을 지워 보세요.

이제 마음 칠판에 좋은 생각을 지어 보세요.

그리고 새 이름을 붙여 써 봅니다.

'희망, 용기, 믿음, 감사, 미소, 기쁨'처럼요.

이렇게 연습하면 어느덧 생각이나 감정이 그렇게 변화합니다. 모든 것은 마음이 지어내는 것입니다.

※ 명상 중 경험과 깨달음을 기록합니다.

....

....

....

....

....

....

3장

마음 치유
연습

명확히 보게 되면
두려움에 지배당하지 않는
주인공이 됩니다.
'참 나'로 살아가게 됩니다.

15

척하는 삶에서
솔직한 삶으로

'안 그런 척하고, 그런 척하고, 아닌 척하고, 인 척한다.'

우리말 참 멋있지 않나요? 우리네 삶의 한 측면을 잘 나타낸 표현입니다.

심리학 용어로 '회피'라는 말이 있습니다. 회피는 인지적 차원과 감정적 차원 그리고 행동 차원에서 이루어집니다. 힘든 상황을 겪고 나면 무의식적 방어가 일어나는데 먼저 괴롭고 힘든 상황을 생각하지 않으려 하거나 기억하지 않으려 합니다. 그래서 커다란 정신적 트라우마를 받으면 기억 상실에 이르기도 하지요. 불안이나 우울 같은 반응이 정상적인 데 반해 감정적 회피는 감정적 무감각, 무감동으로 나타납니다. 속에 엄청난 상처가 있는데 겉으로 드러내지 않고 아무렇지 않은 척하거나, 속으로는 괴로우면서 아무 괴로움이 없는 것처럼 행동하는 것 모두 회피 반응입니다. 교통사고를 당한 후 차를 피하고 운전을 두려워하는 것이 그 예입니다. 비슷한 장소나 상황을 피하고 사람들을 피해 칩거하거나 알코올이나 약물 남용, 수면 과다나 불면증, 폭식이나 식욕 부진 등이 나타나기도 합니다.

* 상처받지 않으려고 척하며 사는 삶

우리는 조금만 상처를 받아도 그 아픔에 괴로워하고 곧장 쾌락을 주는 것으로 도피하려 합니다. 우리는 자신을 가슴으로 보살피기보다 판단하거나 무시하고 고치려 애쓰며 살아왔습니다. 가슴으로 느끼는 대신 머리로 따지고 평가하면서 살고 있지요. 아픔을 경험하고 달래 주고 보듬어 주는 데 서툽니다. 그 이면에는 사랑을 잃을까 봐 겁내는 아이가 있습니다. 가르쳐 주는 대신 실수나 잘못을 무섭게 야단치고 체벌까지 하는 엄한 훈육을 받은 과거 때문이지요. 그래서 아이는 인정받고자 온갖 노력을 합니다. 솔직하게 자신을 드러내지 못하고 척하며 사는 삶이 시작됩니다. 우리도 상처받은 자신에게 관심을 주는 대신 남의 자식처럼 비난과 평가로 소홀히 대해 왔지요. '상처받은 아이'는 남의 이야기가 아닌 우리의 자화상입니다.

* 첫 번째, 직면하기와 수용하기

심리 치료나 명상 치료의 첫 번째 단계는 '직면하기와 수용하기'입니다. 호랑이 굴에 떨어졌을 때 호랑이로부터 도망가거나 싸우려 들면 실패하기 마련입니다. 호랑이를 없애려는 노력도 실패하기 마련입니다. 호랑이라는 고통 속으로 들어가 대면하고 경험하는 것이 올바른 해결법이라는 것을 이야기했지요. 도피하거나 억누르는 대신 트라우마를 재현해 다시 경험하되 아픈 마음을 안아 주고 객관적으로 바라볼 수 있는 훈련을 치료자와 함께 해 나갑니다. 주의 깊게 보는 능력이 커질수록 마음의 요동도 점점 가라앉아 평정심을 유지한 채 상황을 바라볼 수 있게 됩니다.

고통을 대면하는 과정은 만만치 않습니다. 우선 사고 경험 후에 생긴 신념을 해체하는 인지적 수준의 작업이 선행되어야 합니다. '안전한 곳은 없어', '아무도 믿을 수 없어', '나는 망가져서 예전으로 결코 돌아갈 수 없을 거야', '누구도 이런 나를 좋아하지 않을 거야' 등 사고 후에 내린 부정적 결론이 우리를 붙들어 옴짝달싹할 수 없게 만들기 때문입니다. 부분 부정이 전체 부정으로 확대되어 삶 전체를 호령하고 있음을 봅니다. 이런 상태가 석 달 이상 지속되면 평생 역전이 어려울 수 있습니다. 성폭력 피해자나 세월호처럼 죽음의 위협을 직간접적으로 겪은 사람들, 가장 아끼는 가족의 불의의 사망처럼 감당하기 어려운 사고를 겪은 사람들에게 흔히 나타나는 반응입니다. 정신 의학적으로는 '외상 후 스트레스 장애PTSD'라 부릅니다.

* 두 번째, 의식의 흐름을 따라 속마음 들여다보기

두 번째 단계는 마음에 떠오르는 대로 '의식의 흐름을 따라가며 속마음을 들여다보는 훈련'을 해 보아야 합니다. 칡넝쿨처럼, 고구마 줄기처럼 얽혀 떠오르는 연상은 사람마다 다 다르게 나타납니다. 호랑이 꿈을 꾸었을 때 호랑이의 상징성을 통해 단편적으로 해석하는 것은 매우 획일적인 답이 됩니다. 같은 호랑이라도 사람에 따라 전혀 다른 의미가 될 수 있습니다. 연상을 통해 꿈꾼 사람의 의식 속에서 호랑이가 의미하는 바를 추적해 들어가는 것이 바른 해석입니다.

『금강경』을 보면 붓다와 수보리 존자의 문답이 이어집니다. 붓다는 이미 연상 기법을 탁월하게 사용합니다. "수보리야, 너는 어떻게 생각하느냐?", "네 생각은 어떠하냐?" 수보리의 연상에 이어 또 연상을 고무시키는 질문으로 수보리의 깨달음을 촉발시킵니다. 사실 붓다는 높은 선정 수행과 6년의 극한 고행으로도 깨닫지 못하자, 태자 시절 품었던 고통의 원인에 대한 사유를 전개했습니다. 그리고 마침내 고통이 어떻게 발생하고 전개되어 현재에 이르렀는지를 낱낱이 통찰합니다. 초기 경전 가운데 『상윳타 니카야』를 보면 명상 중 도처에서 이러이러한 생각이 떠올랐다는 대목들을 접합니다. 모두 연상에 입각한 사유를 통해 명확하게 알지 못한 것을 깨우치는 장면들입니다. 이렇게 마음을 연기적으로 보는 것이 중요합니다.

* 개념적 사유와 연기적 사유

붓다의 연기법은 사변적·개념적 성찰이 아닙니다. 괴로움을 근본적으로 해결하기 위해 생각과 감정을 보고 그 앞뒤 맥락까지 보는 것입니다. 생각을 하는 것과 생각을 보는 것은 큰 차이입니다. 대부분 생각은 상대를 보고 있는 경우가 많습니다. 명상은 상대를 평가하고 상대를 설득하려 하는 대신, 자신의 마음의 변화를 보고 상대에 의해 일어난 마음의 파문을 가만히 바라봅니다. 타인의 대들보만 보고 자신은 잘못이 없는 척하면 문제는 해결되지 않습니다. 내면의 진실을 보아야 합니다. 자신이 '척'하고 있음을 자각하고 내려놓는 것이 솔직한 태도입니다.

생각보다는 감정을, 감정과 함께 감각을 그윽히 지켜보노라면 떠오르는 장면과 이야기들이 있습니다. 오늘 겪은 일일 수도, 어제의 일일 수도, 어린 시절의 일일 수도 있습니다. 그냥 지켜봅니다. 드라마 보듯 지켜보되 머리로 생각을 하는 게 아니라 가슴으로 경험하는 것임을 유념해야 합니다.

보는 힘이 커지고 마음이 고요해지면, 생각하고 있음을 알아차리고 그 생각이 일어나게 된 전말을 볼 수 있습니다. 처음부터 그리 되지 않는다고 속상해할 필요 없습니다. 속상해하는 마음을 보면 되기 때문이지요. 속상해하는 마음은 어린 시절 상처받고 울고 있는 나와 오버랩 됩니다. 억울하고 분하고 원망스러운 마음속에는 나를 몰아치고 다그치는 사람이 있습니다. 화도 마음대로 못 내고 울음도 뚝 그쳐야 합니다. 아이는 눈치를 살피기 시작합니다. 그 사람이 속상해하지 않도록, 그 사람이 나를 미워하지 않도록, 그 사람 마음에 들기 위해 내 감정과 주장을 억눌러 왔던 것입니다. 울고 있는 아이를 꼭 보듬어 주고 얼마나 아프고 힘들었는지 어루만져 주세요. 실컷 울고 흐느낌이 되어 잦아들 때까지 충분히 놓아둡니다.

삶의 고비마다 만나는 스트레스를 깨닫는 도구로 여기면 우리는 성장하게 됩니다. 실패나 비난을 경험하지 못한 여린 마음은 쉽게 머리로 결론 내려 버립니다. 상처를 가슴으로 안아 주고 어루만져 주고 가슴으로 느끼면 상처가 들려주는 이야기를 들을 수 있습니다. 치유의 마지막 단계는 가슴으로 내면의 이야기를 경청해서 그 의미를 깨닫는 것입니다. 상처의 의미를 깨달으면 상처가 들려주는 이야기들이 더 이상 나를 구속하는 족쇄가 아님을 느끼게 되지요. 치유는 용서가 일어나면 완결됩니다. 용서하면 상대의 아픔을 오히려 연민하게 되고, 감사가 우러나고 상처는 아물게 됩니다.

어두운 마음에서
긍정적 마음으로

눈을 감고 지금 이 순간 여러분의 느낌이 어떠한지 알아차려 보세요.

어떤 감각이나 이야기가 떠올라도 허용합니다.

원하지 않는 감정이나 혐오스러운 생각도 어찌하려 말고, 구름처럼 흘러가도록 허용하세요.

이렇게 바라보고 바라보노라면 호흡 너머 감각, 감정, 생각까지 알아차리게 됩니다.

어두운 마음마저 명상의 대상이 되면 마음에 끌려다니는 상태에서 마음을 부리는 상태로 진입합니다.

삶의 희생자에서 삶의 주인공이 되는 거지요.

'어떤 역경 속에서도 이겨내리라', '아무리 힘들어도 꺾이지 않으리라'

단호히 결심하고 심호흡과 함께 두 주먹을 불끈 쥐어 무릎 위에 올려놓고 반듯하게 앉습니다.

들이쉬며 '지금 이 순간', 내쉬며 '바로 여기' 하고 집중합니다.

비교도 멈추고 판단도 멈추고 '지금 이 순간, 바로 여기'에 흠뻑 젖어 들어 보세요.

※ 명상 중 경험과 깨달음을 기록합니다.

16

관계의 복원이
진정한 치유

실수만 하면 "그것이 문제야. 너는 그게 문제야." 하고 입버릇처럼 이야기하는 부모에게서 자란 아이들은 기가 질리고 위축됩니다. 그렇지 않아도 자신의 실수나 부족한 점을 자책하고 있는데, 부모나 스승처럼 중요한 사람이 부족하다고 지적만 하면 자존감이 확 떨어지기 마련이지요. 결국 자신은 못나고 부족하다는 신념을 공고히 하며 살아가게 됩니다. 자책이나 후회 밑에는 자신을 갉아먹는 분노가 깔려 있습니다. 감히 표현하지 못하고 억압해 버린 분노입니다. 좌절감은 분노를 낳고, 억압된 분노는 쌓여서 우울이 됩니다.

무언가 잘못되었을 때 필요한 것은 자책이나 후회보다 깨달음입니다. 과거의 실수를 되풀이하지 않으려고, 미래를 걱정하느라고 에너지를 소모하고 있음을 깨닫고, 실수는 잘못이 아니라 성공으로 향하는 과정임을 깨닫는 것입니다. 깨우치면 실수나 퇴보를 벗어나 성장할 수 있지만 좌절, 박탈, 상실감에 빠져 허우적대면 고통 속에 살게 됩니다. 같은 상황을 어떻게 받아들이느냐에 따라 넘어져도 툴툴 털고 일어날 수 있기도 하고, 지극한 고통의 늪에 빠지기도 합니다. 실패나 성공은 누가 건네준 것이 아니고, 고통과 행복도 상황이 만든 것이 아니라 바로 자신이 만든 것입니다. 그런데도 우리는 잘못되었을 때 남의 탓, 상황 탓으로 돌리기만 합니다.

* 분노 조절이 어려운 까닭

대인 관계에서 많은 갈등이 일어나지만 특히 배우자와의 갈등은 모든 갈등의 표본이 된다고 할 수 있습니다.

독실한 종교인인 중년 여성이 배우자와의 심한 불화로 이혼을 결심하고 형제들과 모여 상의합니다. 오랜만에 형제 간에 대화를 나누던 중 '내가 사랑을 많이 받지 못했다. 다른 형제에 비해 물질적으로도 차별받았다'는 생각이 떠오르자 내면에서 엄청난 분노가 솟구쳤답니다. 급기야 고성이 오가고 상황은 전쟁터가 되고 말았습니다. 상대에 대한 적개심으로 '살인도 이렇게 해서 일어나겠구나' 했답니다. 그와 비슷한 상황이 또 언제 일어났는지 떠올려 보라고 하자 눈물을 흘리면서 배우자에게서 느낀 분노와 동일하다고 했습니다. 무엇이 그를 그렇게 만들었을까요? 기성 종교의 가르침대로 신이나 사탄이 그렇게 만들었을까요? 그는 수십 년 신앙생활도 분노 앞에서 속수무책임을 한탄했습니다.

이처럼 우리 마음은 잔잔한 파도에서 광풍 노도로 변하곤 합니다. 여러 차별과 학대의 경험, 기억의 회상, 비교하고 평가하는 마음이 복잡하게 얽혀 분노로 나타납니다. 분노는 '분노'라 이름 붙인 것일 뿐 내 마음의 연쇄 작용입니다. 상대방이 만들어 내게 준 것이 아닙니다. 분노 조절이 종교의 유무에 따라 달라지지 않음을 이 사례에서 알 수 있습니다. 오직 내면의 농사를 얼마나 잘 지었는가로 판가름 나는 것이지요. 잘 가꾸어진 마음 밭이라면 돌멩이 하나 던졌다고 온 밭이 쑥대밭이 될 리가 없습니다. 마음 밭 관리를 평소에 하지 않고 바깥만 치장하면 마음 밭이 온갖 잡초와 돌, 자갈로 무성해 자제 불능이 되어 버리는 것이지요.

문제 상황마다 외부에서 해결책이 주어진다고 생각하고 외부에 책임을 묻거나, 외부에서 구원이 온다고 믿으면 감정 조절의 책임도 외부로 돌리게 되므로 의존적인 삶을 살게 됩니다. 평소 지붕과

창을 잘 관리하면 장마를 걱정할 필요가 없고, 천둥 번개가 칠 때 두려움에 떨 필요가 없습니다. 이처럼 내면의 욕망과 분노를 잘 성찰하면서 깨어 있는 명상을 실천하는 사람에게는 내면의 풍파에도 크게 흔들리지 않는 평정심이 있습니다.

* 공감하고 이해하려는 태도

어떻게 하면 갈등을 극복할 수 있을까요? 상대를 자극하지 않고, 나의 불편함을 억압하거나 숨기지 않고 이야기할 수 있어야겠습니다. 지금껏 사용한 자신의 대화 방식을 살펴보십시오. 우리는 흔히 "네가 나를 무시했어. 너는 나를 비난했어."라고 말하곤 하지요. 이것은 2인칭 주어 방식입니다. 해법은 1인칭 주어를 사용해 보는 것입니다. "나는 방금 그 말(행동)에 비난 받는 느낌이 들고 마음이 상했어.", "나는 그 말에 거절(무시)당한 기분이야."처럼 주어를 '나'로 바꿔 보는 겁니다. 상대를 직접 비난하지 않고 나의 속상함을 그대로 말해 줌으로써 상대가 내 마음을 알게 하고, 스스로 자신의 언행을 돌아볼 기회를 제공하는 것이지요. 머리가 아닌 가슴에 호소하는 겁니다. 생각을 피력하면 주장이 되지만 아픔을 이야기하면 상대의 가슴도 울리게 되는 것이지요.

이렇게 되면 상대방도 마음을 열고 나의 입장을 공감하고 이해하려는 태도가 됩니다. 상호 이해, 상호 존중이 가능해집니다. 평행선을 긋던 상호 비난과 자기 정당화의 지루한 언쟁에서 벗어나 화해가 이뤄지고 관계의 회복과 의식의 상승이 일어납니다.

'아무렇지도 않다', '너만 문제야'라는 태도는 바람직하지 않습니다. 남을 보는 게 아니라 나를 먼저 보는 것이 해결책입니다. 내 안에서 올라오는 감정과 생각을 보고 알아 주는 것, 어떤 느낌이 들고 어떤 생각이 일어나는가를 바라보고 깨닫는다면 삶은 투쟁 모드에서 화해 모드가 됩니다.

공감과 이해의
대화법

눈을 감고 호흡에 집중합니다.

삶을 돌아보고 부부 싸움, 친구와의 말다툼 등 대인 관계 속 갈등 상황을 떠올려 봅니다.

갈등 상황에 처했을 때 자신이 어떤 대화 방식을 취했는지 돌아보세요.

"네가 나를 무시했어. 너는 나를 비난했어."처럼 2인칭 주어 방식을 사용하지는 않았나요?

나의 마음 상태는 상대가 만들어 준 것이 아니라, 내가 만든 것입니다.

그러므로 상대를 비난하지 않고, 나의 불편함과 속상함을 그대로 말해주는 것이 올바른 대화법입니다.

이제 1인칭 주어를 사용해 보세요.

주어를 '나'로 바꾸어 보는 겁니다.

"나는 방금 그 말(행동)에 비난 받는 느낌이 들어 마음이 상했어.", "나는 그 말에 거절 당한 기분이 든다."처럼 말이지요.

관계의 복원이 진정한 치유입니다.

※ 명상 중 경험과 깨달음을 기록합니다.

....

....

....

....

....

....

17

행위가
미래를 결정한다

성직자나 살인자는 타고난 신분이나 지위로 결정되는 것이 아니라 행동에 의해 정해집니다.

붓다 당대에 사람들을 공포에 떨게 만든 살인마, 앙굴리말라는 원래 브라만 계급으로 바라문 문파의 수제자였습니다. 그는 스승으로부터 1,000명을 죽여 1,000개의 손가락뼈로 목걸이를 만들면 도를 깨치고 자신의 후계자가 될 수 있다는 말에 999명의 사람을 죽입니다. 마침내 한 사람만 더 채우면 되는 때에 그는 붓다를 만납니다. 그리고 그날로 출가하여 음해의 가르침과 자신의 명예욕으로 살인한 어리석음을 깨달았지요. 그는 붓다

밑에서 열심히 정진하여 마침내 아라한이 되었습니다.

행위에 따라 같은 사람이 살인마가 되기도 하고, 성자가 되기도 함을 보여준 가르침입니다. 나의 생각과 행동이 어떤 의도로 이루어진 것인지 살펴봄이 매우 중요하다 하겠습니다.

* 붓다는 종교 혁명가

인도에서 브라만 계급은 태생적으로 성직자이며 천민 계급은 영원히 천민입니다. 이것은 힌두교의 불문율입니다. 그러나 성직자도 천민도 숙명적으로 결정되지 않는다고 이를 비판하고 나선 혁명가가 있었으니 붓다가 바로 그입니다. 그는 행위에 의해 그 사람이 결정된다고 하였습니다. 이러한 업(카르마) 결정론은 운명론으로 오해되기도 하지만 사실은 운명론에 대한 비판입니다. 붓다는 브라만 계급이 사기를 치면 성직자가 아닌 사기꾼이 되고 천민 계급이라도 삶이 청정하고 고결하면 성직자가 된다면서 당시 브라만교의 고정된 계급론을 통박합니다. 그래서 붓다는 철저하게 출생 신분의 차별 없이 제자를 거두었습니다. 대대로 성직자 지위를 누리던 브라만 계급에게는 엄청난 모욕이었기에 붓다는 수많은 브라만 사제들의 도전과 공격을 받았습니다.

수행자는 자신을 돌아보고 자신의 행동을 닦는 이를 일컫습니다. 성직자는 외양적 의복이나 종교 의례를 집전하는 형식에 의해 정해지는 것이 아니라 삶을 수행에 전념으로 헌신할 때 붙여지는 존칭입니다. 우리가 흉내 내기 어려운 행동으로 삶을 살아가는 이들이기 때문에 존경하는 것이지요. 그런데 요즈음은 행위를 맑히는 자가 아니라 성스러운 장소나 분위기 등 외적 성스러움에 가치를 부여하고 그 속에 안주하며 의지합니다. 그리하여 보다 성스럽고 권위 있는 외형을 위해 더 높은 첨탑과 더 큰 불상의 웅장한 교회와 사원을 짓습니다.

* 업, 행위에 의해서 삶이 정해진다

『밀린다팡하(나선비구경)』에서 알렉산더 대왕의 후손인 메난드로스 왕이 인도의 고승 나가세나 존자에게 질문합니다. "어떤 사람은 오래 살고 어떤 사람은 단명하고, 어떤 사람은 부귀한 집안에 태어나고 어떤 사람은 빈천한 집안에 태어나고, 어떤 사람은 선량하고 어떤 사람은 인색하고 탐욕스러운데 왜 이렇게 다릅니까?" 나가세나 존자는 "업이 다르기 때문입니다."라고 답합니다.

80억 인구면 80억 가지의 삶이 제각각 펼쳐진다는 것으로 일란성 쌍둥이라도 업이 다르면 성격도 삶의 방식도 다르다는 이야기입니다. 각자의 삶을 주인공이 되어 개성 있게 살아가는 게 중요합니다. 그 책임을 운명이나 신이나 부모와 나라에게 떠넘기는 것은 어리석은 일이지요. 자신의 삶은 어디까지나 자신이 만들어 나가는 것이지 운명이나 신이 만들어 주는 것이 아닙니다. 자신의 삶을 어떻게 펼치느냐는 자신이 어떻게 마음을 쓰고 행동하느냐에 달려 있다는 것이 붓다의 가르침입니다.

'업이 생을 이어 상속된다'는 가르침은 단순히 윤회한다는 믿음을 넘어서는 혁명적 사유입니다. 붓다는 행위로 업이 연이어진다고 말합니다. 과거 생의 나, 현재 생의 나, 미래 생의 나는 불변의 내가 아니고 동일하지 않지만 없는 것이 아닙니다. 아기의 내가 있고 청소년의 내가 있고 노년의 내가 있듯이, 업과 행위에 따라 수시로 의식이 변하고 마음 상태가 변하며 그 업이 전생으로부터 다음 생까지 면면히 이어진다고 붓다는 누누이 강조합니다.

앙굴리말라의 일화에서 새겨 보아야 할 점은 첫째, 살인자는 본래 살인자가 아니었고 잘못된 신념과 탐욕이 살인을 행하게 했다는 것입니다. 둘째, 살인자마저 수행자가 될 수 있고 깨달으면 탐욕과 분노에서 자유로울 수 있다는 것입니다. 셋째, 존경하는 스승이나 경전의 가르침이라도 맹목적으로 믿지 말고 자신과 타인에게 이익이 되는지 숙고해 보아야 한다는 것입니다. 넷째, 자신이 한 행

마음 치유 연습

157

동은 반드시 대가를 치러야 한다는 것입니다. 마지막으로, 내면의 의도를 잘 살펴보아 참회하면 자신의 업을 정화시킬 수 있다는 것입니다.

안경에 손이 닿을 때마다 손자국이 남는 것처럼 우리가 행하는 모든 것은 마음 밭에 뿌려진 씨앗(카르마, 업)이 되었다가 적합한 조건을 계기로 싹을 틔웁니다. 살면서 뿌린 씨앗은 우리를 다시 태어나게 하고, 씨앗의 종류에 따라 각각 다른 미래를 살게 할 것입니다. 따라서 마음을 안경 닦듯이 꾸준히 정화해야 합니다. 명상을 꾸준히 하면 점차 마음의 본성이 확고하게 되어 해묵은 습관은 해체되고 뿌리 깊은 성향도 변화해 좋은 습관과 바른 성향이 자리 잡게 될 것입니다.

우리가 죽어 다음 생에 가지고 갈 유일한 자산은 자신이 평생 살아온 행위라는 붓다의 가르침은 죽음이 모든 것의 해결이나 끝이 아님도 분명히 하고 있습니다. 자신의 현재 행동이 미래까지 영향을 미친다는 견해는 탁월한 진리입니다.

불건전한
생각 멈추기

눈을 감고 호흡을 바라봅니다.

삶 속에서 부정적 생각과 불건전한 욕망에 사로잡히는 경우를 떠올려 봅니다.

죄책감과 낭패감을 느낀 경우를 떠올려 보세요.

죄책감을 느꼈어도 반복해서 그런 행동을 하게 됨을 돌아봅니다.

명상을 해도 나와 남을 해치는 악하고 불건전한 생각의 위험을 알아차렸음에도 욕망이 강렬하게 일어나면, 마음으로 마음을 항복시켜야 합니다.

이를 꽉 앙다물고 혀를 입천장에 붙입니다.

그리고 강력한 의도를 세우고 부정적인 생각을 멈추겠다고 선언합니다.

'나는 탐욕에 관련된, 분노에 관련된 생각을 일으키지 않겠다'

'나 자신과 남을 해치는 악하고 불건전한 위험을 알아차리는 순간, 그 생각을 멈출 수 있다'고 선언합니다.

※ 명상 중 경험과 깨달음을 기록합니다.

18

머리 아닌
가슴으로

넘어져 울고 있는 아이를 야단치는 부모가 의외로 많습니다. 자신의 속상함을 아이에게 푸는 경우이지요. 이럴 때에는 사실 아파하는 아이를 꼬옥 보듬어 주고 얼마나 아프고 힘든지 어루만져 주는 것이 올바른 방법입니다. 그런 뒤에 어떻게 다쳤는지 무슨 일이 일어났는지 차근차근 이야기 나눠 보아야지요. 다그치지 말고, 훈계하려 들지 말고, 처음부터 끝까지 사건이 분명해질 때까지 들어 줍니다.

명상도 우선 나의 고통을 수용하고 인정하는 데서 출발합니다. 그동안 겪어 온 아픔과 상처를 분명히 알아주고 포용해 주지 않고서 나를 사랑하기 어렵기 때문입니다. 나의 고통을 수용하면 남도 똑같이 고통을 겪고 아픔을 가지며 쉽게 상처받을 수 있음을 인정하게 됩니다. 비로소 상대를 배려할 수 있게 됩니다. 나를 사랑한다면서 해치는 경우가 많은 것도 상처를 보듬어 주지 않아서 상처를 보호하려는 방어 작용이 쾌락에 탐닉하게 하거나 극단적 행동을 하게 만드는 것입니다. 이러한 마음은 아이에게도 지나친 보호나 방치 또는 학대로 이어지게 만듭니다.

* 치우친 사랑은 사랑이 아니다

사랑에는 두 종류가 있습니다. '치우친 사랑'과 '보편적인 사랑'입니다. 치우친 사랑은 에고가 강한 사랑입니다. 보편적인 사랑은 에고가 없는 사랑입니다. 에고가 강한 사랑은 나의 것과 나를 강조합니다. 내 가족을 사랑하고 내가 다닌 학교를 사랑하고 내가 태어나고 자란 고향과 나라를 사랑하는 것 자체는 선악이 없습니다. 그러나 남과 나를 비교할 때 학벌·족벌주의, 지역·민족·인종·종교 차별 등 치우친 사랑의 갖가지 형태가 드러납니다. 이데올로기 전쟁, 종교 전쟁도 자신만이 옳고 선하다는 독선으로 살육마저 불사합니다. 나와 다름을 용납하지 않는 것이 독재입니다. 진정한 사랑이 아니라 욕망이 가득 찬 에고의 사랑입니다. 이는 필연적으로 소외를 부르고, 상대방의 가슴에 지울 수 없는 생채기를 남기게 됩니다.

심리 치료나 명상 수행의 공통적인 치유 평가 기준이 있다면 '변화가 일어났는가'입니다. 상담 치료를 받았건, 어떤 마음공부를 했건 그 사람이 질적으로 바뀌었는가를 기준으로 합니다. 관점이 바뀌고 행동이 바뀌는 변화가 없다면 그것은 구두선에 불과합니다.

약물 치료가 싫어서 심리 치료만 받고 싶다는 한 내담자가 있었습니다. 그녀는 고교 시절부터 외모에 대한 불만, 우울, 자기 비하, 자신감 결여, 부모와 학교에 대한 불만으로 가득했습니다. 공부는 싫고, 하고 싶은 걸 해야겠는데 부모가 반대만 한다면서 분개했습니다. 걸핏하면 '죽고 싶다'는 말을 하고, 손목에 자해한 흔적들이 많았습니다. 대인 관계도 힘들어해서 급우들과도 자꾸 틀어졌습니다. 학교도 바꿔 보았지만 새로운 환경에 적응이 어려워 자퇴하고 말았습니다. 게임 등 쾌감을 주는 것에 몰입해 보았지만 그 순간뿐이었고 불안이 가중되고 상황이 악화되어 희망이 안 보인다고 했습니다.

햇수로 2년 넘게 정기 심리 치료와 명상을 병행한 후 마음의 평온을 회복한 그녀가 마지막 면담 중에 토로한 말이 인상 깊습니다. 이제는 자신의 얼굴이 밉상이 아니라 오히려 예쁜 편인 것 같고, 주위에서도 예전과 달리 얼굴이 밝고 편해졌다고 한답니다. 친구들도 자기를 만나는 게 편하고 즐겁다 말하고, 윗사람을 대할 때 긴장하거나 눈치 보던 관계에서 자유로워졌다고 했습니다. 한번은 자신의 호흡을 1시간 정도 바라보면서 너무 편하고 행복한 느낌을 받았는데 그때 자신에게 몰입한 느낌을 처음 경험했다고 합니다. 걸핏하면 상처받던 그녀가 다른 사람의 지적을 더 이상 비난으로 받아들이지 않고, 그동안 움츠러들어 상대방에게 자신을 제대로 표현하지 못하다가 자신의 감정을 스스럼없이 드러내 보니 대인 관계가 원만하게 이루어지는 것 같다고 했습니다.

그녀의 변화는 주변 사람들도 인정했습니다. 그녀가 심리 치료 받기 시작한 지 6개월째에 호흡 바라보기를 권유한 것으로 기억하는데, 그 후 틈틈이 호흡을 바라보면서 몰입을 경험한 것입니다. 그러나 그녀의 변화는 집중과 몰입에서 온 게 아닙니다. 통찰에서 비롯된 것입니다. 자신을 그렇게 졸라매던 것에서 풀려날 수 있었던 것은 정서적 깨달음을 얻었기 때문이지요.

＊ 가슴의 통찰, 깨달음

흔히 깨달음을 지적 깨달음으로 오인하는데 깨달음의 지혜는 머리에서 오지 않습니다. 진정한 깨달음은 회한과 사랑, 감사 등 깊은 감정의 충격과 함께 일어나므로 정서적 깨달음, 곧 가슴의 통찰이라고 합니다. 고통의 의미를 알게 되면 고통을 불러일으킨 대상-사람 또는 상황-에 대한 원망이나 증오는 물거품처럼 꺼지고 대신 용서와 사랑, 그리고 감사의 넘이 솟아나게 됩니다. 상처를 준 사람들과 고난이 모두 은인이고 축복이었음을 깨닫게 되는 것입니다. 분노도 이런 과정을 밟아야 비로소 사그라드는 것이지, 그냥 참거나이해하고 넘어가는 것은 불씨만 잠시 눌러 두는 것일 뿐 바람이 불면 재점화됩니다. 깨달음은 봉숭아 씨앗처럼 터집니다. 봉숭아 씨앗이 까맣게 영글기까지 수많은 시간과 햇빛과 물, 영양분이 필요합니다. 과정이 없다면 깨달음이라는 결과도 일어나지 않습니다.

* 머리 아닌 가슴으로

명상 상담에서 가슴으로 들으라는 이야기를 자주 합니다. 가슴에 귀가 있는 것처럼 가슴으로 상대방의 이야기를 들으라는 것이지요. 그것은 가슴으로 듣고 가슴으로 보고 가슴으로 이해하는 것입니다. 귀로 듣고, 눈으로 보고, 머리로 이해하는 게 아니라 가슴으로 대상을 만나는 것이지요. 이것은 명상의 골자이기도 합니다.

대화에서 단절이 일어나는 것은 경청 없이 자신의 이야기에만골몰하기 때문입니다. 자신의 생각과 판단, 신념을 상대에게 피력하느라 상대의 이야기는 귓가로 흘리기 때문이지요. 내 생각이 개입되면 상대방을 온전히 바라볼 수 없고, 온전히 들을 수 없습니다. 공감과는 거리가 한참 멀어지게 되지요. 다른 사람을 나의 요구에맞게 변화시키려 하니 대화가 이뤄지기는커녕 관계가 끊어지는 것을 경험하게 됩니다. 공감은 인간 행위 가운데 가장 높은 품성 중하나입니다. 공감하려면 먼저 내 생각과 판단을 비우고 상대방을 온전히 느껴 보아야 합니다. 머리가 아닌 가슴으로요.

영적 스승들은 우리 존재의 중심이 가슴임을 가르치고 있습니다. 요가의 차크라에서 '가슴 차크라'는 가슴 중앙에 위치한 에너지 중심으로서, 그것이 열리면 사랑의 에너지가 피어납니다. 가슴이 치유와 사랑의 근원입니다. 이 가슴은 아주 지혜롭기도 하지요. 삶을 느끼는 것도, 공명을 통해 삶에 연결되는 것도 가슴입니다. 가슴은 배척이 아니라 포용하는 법, 판단이 아니라 수용하는 법, 저항이 아니라 허용하는 법을 알고 있습니다.

머리로 생각하기보다 가슴으로 느끼는 법을 배울 때 삶은 완전히 달라집니다. 어린 시절 우리는 열린 가슴으로 온전히 살았지만, 괴로운 것을 피하려고 점점 가슴을 닫고 머리를 굴리며 상대방의 눈치를 보고 사랑을 잃지 않으려 애쓰기 시작했습니다. 이제 명상을 통해 자신의 가슴에 귀 기울이고 다시금 여는 법을 알게 되면 가슴이 가장 지혜로운 스승이자 친구라는 사실을 깨닫게 될 것입니다. 가슴을 열면 삶은 더 이상 생각의 대상이 아니라 가슴의 경험이 됩니다. 가슴으로 느낄 때 비로소 살 만한 세상이 됩니다.

가슴을 여는
연습

눈을 감고 호흡을 잠시 바라봅니다.

깊이 아끼는 한 사람을 떠올려 봅니다.

그 사람의 소중함을 느껴 보세요.

가슴이 따뜻하게 열리는 느낌을 바라봅니다.

이번엔 반대로 나에게 상처를 준 사람을 떠올려 보세요.

가슴이 아픕니다. 정도에 따라 가슴이 찢어지게 아플 수도 있습니다.

이제 싫어하는 사람을 떠올려 봅니다.

당시 분노하고 반발하던 기억에 가슴이 답답하고 막히는 것을 느끼게 됩니다.

다시 소중한 사람을 떠올리세요.

가슴을 다시금 따뜻하게 하고, 눈을 뜹니다.

머리로 생각하기보다 가슴으로 느끼는 법을 배울 때 삶은 완전히 달라집니다. 가슴에 귀 기울이면 가슴이 가장 지혜로운 스승이자 친구라는 사실을 깨닫게 될 것입니다.

가슴에 여러분의 신성(불성)을 초대하고 늘 대화를 나눠 보세요.

※ 명상 중 경험과 깨달음을 기록합니다.

....

....

....

....

....

....

19

너그러운 수용,
'그래' 진언의 힘

상대방의 말에 무조건 '안 돼', '그게 아니라' 하고 반응하는 사람이 있습니다. '안 돼'에 대응하는 진언은 늘 있는 그대로 받아들이는 '그래'입니다. '아 그렇구나', '그렇지', '그래' 하며 인정하고 긍정하고 수용하는 것입니다. 상대방의 말에 이렇게 대응하면 상대방은 인정받는 느낌, 지지받는 느낌을 경험하게 됩니다. '그래' 진언을 자기 자신에게 적용해 보면 위로하고 감싸고 안아 주는 치유 효과가 있다는 걸 느낄 수 있습니다.

＊경청과 수용의 힘

화가 났을 때도 '화가 많이 났구나'라고 하는 것과 '왜 화를 내고

난리야, 못 됐어'라고 하는 반응은 천지 차이입니다. 게다가 참지 못하고 화를 낸 자신을 처벌하고 비난, 후회, 한탄하는 것은 죄책감을 키울 뿐 자신의 발전과 성장에는 도움이 되지 않습니다. 화나는 감정을 자연스럽게 여기는 것과 '화는 나쁘니 화내면 안 돼'라는 태도의 차이는 극명하게 대조적입니다. 전자는 너그럽고 부드러운 여유가 있는 데 반해 후자는 용서할 수 없는 죄, 용서받지 못할 죄인으로 매도하는 것처럼 매섭고 차갑습니다.

이 세상을 밝게 하는 요소는 부드러운 수용과 이해, 사랑이지 가차 없는 질책이나 처벌, 비난이 아닙니다. 전자가 사랑과 기쁨으로 연결되어 있다면 후자는 불만과 적대감에 연결되어 있습니다. 잘 살펴보면 전자에 익숙한 사람과 후자에 익숙한 사람을 금방 확인할 수 있습니다. 전자는 일단 반응이 '그래, 그렇구나' 하고 인정해 줍니다. 후자는 '아니야', '그게 아니고'라며 일단 부정하고 나섭니다. 전자는 부족함에도 격려를 받아 더 나은 상태로 가능성을 고무시키는 데 반해, 후자는 가능성과 잠재력을 매몰시키고 전체를 부정해 버리는 결과를 초래하기 쉽습니다. 전자에겐 이해와 관용이 있지만 후자에겐 완벽주의자의 불만과 분노가 깃들어 있지요.

* 긍정적 마음은 모든 갈등의 해결책

마음의 여백을 갖기 위해 수시로 호흡을 챙겨 호흡을 바라보는 연습을 하고 지금 몸 상태를 느껴 보십시오. 눈을 감고 잠시 자신을 돌아보고 '그래 그렇구나' 하고 속삭여 보세요. 마음과 몸, 호흡 상태를 연결시켜 살펴보는 것도 중요합니다. 이렇게 하면 화가 올라오건 미움이나 짜증이 올라오건 있는 그대로 바라보고 그대로 인정하고 나오게 된 연유와 배경도 드러나게 되어 현명한 해결도 가능합니다.

훈육에도 바람직한 원칙이 있습니다. 정신 분석가 고트만은 5대 1의 원칙을 지키라 합니다. 칭찬을 다섯 번 하고 나서 훈계나 지적을 한 번 하는 교육의 황금률입니다. 야단이 효과가 있으려면 다섯 번의 칭찬이 전제되어야 가능하다는 거지요. 아무리 옳은 지적이나 훈계도 부당한 간섭이나 불필요한 잔소리로 들리니까요. 상담을 해 보면 부모님께 칭찬을 받아 본 기억이 거의 없다고 술회하는 내담자들이 의외로 많습니다. 나쁜 게 하나도 없는 무결점은 오히려 강박증을 낳을 수 있습니다. 좋은 점을 살리고 더 키우는 것이 치유의 원리입니다. 통제하려 하지 않고 스스로 할 수 있도록 자율성을 키우고 칭찬과 격려를 아끼지 않는 게 좋은 교육입니다.

경청과 수용은 개인뿐만 아니라 단체 간에도 필수적 덕목입니다. 둘 다 상대를 존중한다는 전제가 깔려 있습니다. 경청-수용-존중은 뗄 수 없는 관계입니다. 이 셋 중 어느 하나라도 빠지면 관계는 갈등 속에 빠지고 파열음이 일어나게 됩니다. 부부 관계에 적용해 보면 금방 답이 나옵니다. 관계의 일방성은 관계의 파탄을 불러오고 사회 분열의 원인이 됩니다. 어느 한쪽이 우월함을 과시하거나 지배하려 든다면 상호 존중은 사라지고 깊은 불신과 적대감, 혐오감이 발생합니다. 이런 마음 상태에선 대화가 단절되고 극한 대립이나 극한 투쟁으로 맞서게 됩니다. 사회 갈등에 대한 해법도 상호 존중의 룰에서 벗어나지 않습니다. 학교에도, 사회나 국가에도 경청-수용-존중은 필수적입니다.

감싸고 안아 주는
치유 명상

눈을 감고 심호흡을 한 다음 가슴에 집중합니다.

깊이 사랑하는 대상을 떠올립니다.

그 사람이 '아니야' 하고 고개 저을 때 가슴이 어떤가요?

'그래' 하고 끄덕일 때는 가슴이 어떤가요?

고개를 저을 때는 가슴이 닫히고 막히고 아파옵니다.

그 사람에게서 사랑, 믿음, 편안함을 느낄 때 가슴이 열리고, 따스해집니다.

이제 믿었던 사람으로부터 상처받은 경우를 떠올려 보세요.

그때 얼마나 아팠는지, 얼마나 억울했는지, 얼마나 분했는지 느껴 보세요.

충분한 시간 동안 느껴 봅니다.

이제 그 아픈 가슴을 어루만지고 안아 주세요.

내면의 지혜에 요청해 봅니다.

'부디 이 아픈 상처를 치유해 주세요.'

아픈 가슴을 사랑과 연민, 따스함으로 가득 채워 보십시오.

※ 충분히 숙고한 후 명상 중 경험과 깨달음을 기록합니다.

....

....

....

....

....

....

20

분노를
다스리는 자비심

마음의 평온을 흔드는 가장 큰 적 중 하나가 분노라는 것에는 이의가 없을 겁니다. 그래서 분노는 가장 근본적인 번뇌라 하였지요. 분노가 어디서 비롯된 것인지 깊이 살펴볼 필요가 있습니다.

번뇌라는 말은 내면의 평화를 깨뜨리는 것을 의미합니다. 번뇌가 일어나면 마음은 즉각 괴로운 상태가 됩니다. 괴로움은 잔잔한 평온함을 깨고 혼란과 격동을 일으킨 수면과 같습니다. 이 거친 감정은 화와 미움, 혐오에서 증오로 커져 갑니다. 마음의 격랑이 심해지면 복수의 칼을 갈며 살해 계획을 세우거나, 도리어 자신에게 칼을 돌려 자해나 자살을 시도하기에 이르기도 합니다. 수많은 전쟁과 살육도 이러한 괴로움의 표현이지요. 전쟁에서 승리하는 것은 평화가 아닌 또 다른 괴로움을 불러올 뿐입니다. 그래서 진정한 승리는 내면의 괴로움인 번뇌와의 싸움에서 승리하는 것입니다. 내면의 불길을 잡지 않고 겉모습만 평화롭다고 해서 전쟁이 종식된 것은 아닙니다. 내면의 불길을 잡으려면 어떻게 해야 할까요? 가정과 사회 생활에서 분노가 일어날 때 어떻게 대처해야 할까요?

＊ 번뇌와 분노

모든 종교는 화를 참고 '인내하라'고 가르칩니다. 그렇게 하는 것이 마땅하겠지만 실현하기 쉽지 않습니다. 참는 것은 근본적 처방이 될 수 없습니다. 화를 분출하는 것도, 화를 참는 것도 아닌 제삼의 방법이 있을까요? 전통적인 영적 가르침은 화가 일어남을 '바라보라'고 합니다. 화나는 과정을 낱낱이 살펴보는 것이지요. 화를 표출하거나 억압하는 반응 대신 멈추고 바라보고 깊이 살펴보는 숙고 명상을 통해 자신의 화가 어디서 비롯되었는지 깨닫게 됩니다.

화는 참으려 해도 참을 수 없는 경우가 대부분입니다. 참을 인忍자를 수없이 써 보고 되뇌어도 막상 실제 상황에 부딪치면 까맣게 잊어버리곤 하지요. 이때 어찌 해야 할까요? 명상이 답입니다. 명상을 하면 화를 바라볼 수 있는 여유가 생깁니다. 머리끝까지 펄펄 뛰는 화 속에서 호흡을 바라봅니다. 호흡을 어떻게 쉬고 있는지 바라봅니다. 그리고 나서 화가 나는 일련의 과정을 바라봅니다. 심장이

급하게 뛰고, 혈압이 오르고, 온몸의 근육이 긴장되고, 눈은 험악하게 부릅떠지고, 숨이 거칠어지고 얼굴이 붉어집니다. 아드레날린이 분출되어 반응하는 몸의 변화이지요. 이러한 몸의 변화와 함께 마음의 변화도 바라봅니다.

언제 화가 나나요? 상대방이 나를 무시했다고들 말합니다. 무시란 무엇인가요? 무시라는 것은 내가 상대에게 기대한 것이 받아들여지지 않은 것입니다. 내가 상대방으로부터 무언가 받기를 원한 것입니다. 그리고 실망했습니다.

상대에게 무엇을 기대했는지 숙고해 봅니다. 무엇을 기대했나요? 사랑, 이해, 관심, 존중을 받고자 하지 않았나요? 그리고 그것들을 잃은 아픔이 있지 않나요? 분노 속에는 이러한 것들을 잃어버릴까 봐 두려워하는 마음이 숨어 있습니다. 그러니 화내는 사람에게 즉각적으로 반응하여 같이 싸우는 대신 상대가 무엇을 원하는지, 무엇을 두려워하는지 보는 게 올바른 대응입니다.

결국 분노는 자신의 이익과 관련이 있습니다. 분노의 뿌리도 욕망에 있습니다. 욕망에 대한 성찰이 없는데 단순히 '화내지 말라', '미워하지 말라'는 금지나 권고를 하는 것은 상처를 어루만지기보다 불씨를 덮어 버리거나 덧칠하는 위선이 될 수 있습니다. 욕망 가운데 생존에 필요한 기초적 욕망, 의식주를 제외하면 정신적 욕망인 경우가 태반입니다. 욕망의 시작은 어디서 비롯되었을까요?

* 욕망과 기초적 신뢰의 형성

좀 더 깊이 마음속으로 들어가 봅니다. 태어날 때로 돌아가 봅니다. 기억할 수 없을지라도 우리는 관찰하고 추론할 수 있습니다. 안락한 모태로부터 좁은 산도를 지나 외부 세상으로 쫓겨나는 경험은 너무 격렬한 고통입니다. 그저 숨 쉬고 생명을 유지하는 것 외에 할 수 있는 것이 없고 추위, 더위, 배고픔, 목마름 등 모든 불쾌한 감촉에 노출되어 전적으로 부모에게 의존할 수밖에 없는 상황입니다. 이 의존 욕구가 조건 없이 아낌없이 충족되지 않는다면 아기는 이 상황을 어떻게 느끼고 무엇을 생각할까요?

아기는 '왜 이렇게 추운 거야, 왜 채워 주지 않는 거야, 왜 나를 방치하는 거야' 하고 울부짖습니다. 우는 것 외에 달리 표현 수단이 없으므로 신생아의 울음은 조건 없이 받아 주어야 할 것이지 체벌의 대상이 아닙니다. 안정적인 생존을 위한 환경이 보장되어야 더이상 생존에 대한 위협을 느끼지 않고 세상을 자신 있게 살아갈 믿음과 안정감이 형성될 수 있습니다.

이 기초적인 신뢰를 통한 믿음이 형성되어야 아이는 다음 단계로 성장할 수 있습니다. 자기 마음대로 하려 들고, 먹는 것도 거부하고, 싫다고 주장하고 떼쓰기도 하면서 자기 주장을 더 다양하게 할 수 있게 되고 외부와 관계를 맺을 여유도 생기지요. 주변으로 활동 영역을 확장하고 붙잡아 주지 않아도 걸으려 애쓰고 마침내 홀로 서고 걷습니다. 아이가 잘 걷게 되면 부모는 더욱 한눈을 팔아서는 안 되고 지속적인 보호 관찰이 필요합니다. 아이가 어느 정도 자라면 욕구의 표출이 무한으로 충족될 수 없고 즉각 충족될 수도 없다는 좌절을 스스로 터득하게 됩니다. 적절한 좌절을 혼자 감당할 수 있도록 점진적으로 도와야 아이는 독립을 이룹니다. 이렇게 독립을 원만히 이룰 때 비로소 태어났다고 할 수 있습니다. 이런 과정이 원만히 이루어지지 못하면 아이는 티 없이, 기탄없이 자라지 못합니다. 생존을 위해 눈칫밥을 먹고, 순종하고 아부하며 자라나게 되지요. 분노가 두려움에 억눌리게 됩니다. 이 경우 대부분 부모의 치유되지 않은 상처가 대물림된 결과입니다.

* 분노를 다스리는 자비심

이렇듯 분노를 자유롭게 표현하고, 적절히 수용해 주어야 그것을 다스리는 법도 자연스레 배울 수 있게 됩니다. 하지만 부모들은 성급함과 완벽주의 때문에 이 작업을 수행할 능력이 부족한 경우가 많습니다. 자신도 상처를 안고 있기 때문이지요. 게다가 배우자와의 갈등, 양가 부모와의 갈등, 경제적 곤란 등 해결하기 벅찬 문제가 겹겹이 옥죄면 부모는 감당할 수 없는 지경에 처하게 됩니다. 아이를 제대로 키울 수 없을 정도로 탈진하는 것이지요. 반면 아이는 보살핌이 부족한 상황에서 동생이라는 존재까지 출현하면 아이는 억울하기 짝이 없습니다. 아이는 사랑과 관심을 잃을까 두려운 나머지 동생에게 분노를 여과 없이 표출합니다. 사랑과 관심을 얻기 위한 처절한 경쟁이 시작되는 것이지요. 분노는 사랑의 투사인 경우가 많습니다. 이기적이고 독점적 사랑을 누리던 아이는 늘 그런 사랑을 기대합니다. 조금만 부족해도 짜증이 납니다. 주변에 투사하여 불만을 외칩니다. 왜 이렇게 못해 주느냐고 외쳐댑니다. 소외당하지 않으려고 파당을 조직하고 권력을 누리고자 하는 것도 기실 인정받고 싶은 욕구의 투사입니다.

인정받지 못할까 봐 두려워하는 마음을 자신의 분노 안에서 그리고 상대방의 분노 안에서 볼 수 있다면 연민의 마음이 피어납니다. 가여운 마음을 자신과 상대방에게서 느낄 때 분노의 반응인 싸움 모드 대신 안아 주고 수용하는 자비 모드로 전환됩니다. 보편적인 사랑은 에고를 내세우지 않습니다. 순간적으로 생명이 위험에 처했을 때 자신을 잊고 철길에 뛰어들어 어린아이를 구해 내는 마음은 누구나 가지고 있습니다. 남의 아픔을 아파하는 마음, 남의 기쁨을 함께 기뻐하는 마음도 누구나 가지고 있지만 에고에 덮여서 발현되지 않고 있을 뿐입니다.

마음속 깊은 곳에 사랑이 자리하고 있습니다. 우리는 그 사랑을 바깥에서 찾는 데 익숙해 밖으로부터 얻으려 합니다. 자신을 사랑해 줄 누군가를 찾아 방방곡곡을 돌아다니지만 결국 만족하지 못하고 실패하지요. 그 사랑을 외부의 누군가가 채워 주리라는 환상을 깨지 못하면 마지막까지 외로운 삶을 살게 될 것입니다. 우리는 누구나 삶의 본질인 사랑을 가슴으로 깨달을 수 있고, 조건 없는 사랑 속에 살고 있다는 진실로 깨어날 수 있습니다. 그것은 에고에서 벗어나 지금 이 순간 깨어 있는 것입니다. 호흡을 바라보고 현재 마음을 바라봅니다. 에고의 작용을 바라보고 '이것은 진정한 내가 아니고 내 것이 아님'을 확연하게 보아야겠습니다.

분노의 불길을
잡는 방법

화가 날 때에는 호흡을 깊고 크게 쉬어 봅니다.

최대한 들이마시고, 최대한 길게 내뿜습니다.

다시 깊이 들이마시고 더 이상 마실 수 없을 때에 숨을 멈추고 온몸을

긴장시킵니다.

더 이상 참을 수 없을 때까지 참으며 주먹을 꽉 쥐고

팔과 다리, 얼굴, 그리고 온몸의 모든 근육에 힘을 잔뜩 주었다가

내뿜으며 온몸을 이완시킵니다.

풍선에 가득 찬 공기가 빠져나가듯이 서서히 길게 내뿜으며

얼굴, 어깨, 목, 팔다리, 손가락, 발가락까지 긴장을 풉니다.

화가 어느 정도 진정되면 보통 호흡으로 돌아옵니다.

이제 화를 돌아봅니다.

무엇이 당신을 그렇게 화나게 만들었나요?

어떤 경우 화가 치미는지 눈을 감고 충분히 살펴봅니다.

눈을 뜨고 화가 나는 경우를 적어 봅니다.

※ 명상 중 경험과 깨달음을 기록합니다.

....

....

....

....

....

....

21

두려움과 불안에서
벗어남

　우리 모두에겐 잊혀진 성장통이 있습니다. 상처 속에 자란 부모는 자녀와 온전히 소통하는 법을 알지 못합니다. 지나치게 간섭하거나 통제하고, 지나치게 보호하거나 권위적으로 엄격하게 군림하고, 공격적으로 학대하거나 아예 방치와 무관심으로 대하기도 합니다. 미숙한 부모들은 아이들에게 '학대'와 '버림'이라는 두 가지 핵심 상처를 입히지요. 부모가 아이의 감정을 수용하지 못하고 지적과 꾸지람을 거듭하거나 신체적·정신적으로 고통을 주는 것이 학대입니다. 부모가 바쁘다는 이유로 아이를 제대로 돌보지 못하는 것에서부터 무관심으로 아이 혼자 내버려 두거나, 아예 집을 나가는 경우까지 버림의 형태 또한 다양합니다.

이렇게 학대나 버림받은 아이들은 두려움을 감당하기 위해 스스로 이야기를 지어내기 시작합니다. 이러한 어린 아이가 우리 가슴속에 여전히 살고 있습니다. 어린 시절의 내면을 깊숙이 들여다보면 부모가 떠나 버릴지도 모른다는 두려움 더 많은 걸 얻은 형제에 대한 질투, 좋아하는 장난감을 동생에게 양보해야 하는 슬픔 등이 있습니다. 처음 유치원이나 학교에 가던 때를 돌아보면 엄마와 떨어진다는 게 얼마나 무서운 일이었는지요. 성장하는 과정에서 이렇게 우리 모두가 상처받고 버려진 듯한 느낌을 받은 적이 있습니다. 힘센 아이에게 놀림당하고 이용당할 때에는 거절당할까 소외당할까 두려워 무리에 속해 다른 아이들을 괴롭히는 행동을 하고, 센 척해 봤지만 스스로 '변변치 못하다'고 여기는 열등감과 자괴감에 빠지기도 했지요.

✱ 자기 비난으로부터 벗어나기

이러한 상처와 암울한 경험은 마음속 갈등의 진원지가 되어 수많은 소설들을 쓰게 됩니다. 에고는 삶의 모든 것에 대해 끊임없이 잔소리를 합니다. '똑바로 하라'고 다그치고 '왜 이리 못났느냐'고 불평입니다. 이것은 부모가 나에게 했던 잔소리와 똑같지 않나요? 사람들은 대부분 자신이 삶을 얼마나 두려워하는지 자각조차 못합니다. 자기도 모르는 사이 자신을 믿지 못하고, 애써야 한다는 신념이 자리 잡았기 때문입니다. 인정받고 사랑받기 위해 피눈물 나는 노력을 해 보았지만 실패합니다. 늘상 거절당하는 걸 두려워하고, 그래서 남들이 어떻게 생각하는지에 늘 신경을 쓰고 남들의 평가에 예민하게 되지요. 자신이 가치 없다고 느끼며, 남들에게 용납되지 않는 부분을 감추느라 거짓말하고 심지어 훔치기도 합니다. 사소한 일에도 내 잘못이라며 자책하고, '사랑을 또 잃는구나' 하며 절망합니다.

두려움과 아픔에 나는 어떻게 반응하는지요? 두려움을 낳는 일이 반복되면 그 두려움을 겁내게 되고 그것에서 벗어나고자 기분 좋아지는 것들을 찾기 시작합니다. 그러나 기분 좋은 상태는 지속되지 않고 더 강력한 즐거움을 주는 것들에 탐닉하게 되지요. 두려움의 세계에서 벗어나려 애쓰면 애쓸수록 두려움의 수렁에 빠져 마음의 평정과 점점 멀어지게 됩니다. 에고의 수치심, 분노, 절망은 서로를 먹여 살립니다. 에고는 자신이 희생자라고 느끼며 절망감을 키우고 이러한 피해 의식 속에서 자신의 고통에 대해 "그 사람이 그렇게만 안 했다면…" 하고 상대방을 탓하거나 스스로를 비난하며 분노와 수치심을 키웁니다. 우리는 모두 이러한 수치심-분노-절망의 악순환에 사로잡힌 경험이 있습니다. 내면에서 이렇게 끊임없이 넘나들하면서 나는 부족한 사람이 되고 맙니다. 이렇게 에고는 두려움이 낳은 분노와 수치심과 열등감을 나와 동일시하게 만들었지요.

에고는 자신의 두려움과 분노에서 비롯된 절망을 감추기 위해 정교한 보호 시스템을 만듭니다. 에고는 불편한 경험을 피하려고 음식, 약물, 술, 섹스, 일, 인터넷, 텔레비전, 쇼핑, 핸드폰 등에 몰두하는 식으로 방어합니다. 우리 스스로를 돌아보지 못하게 만들고 밖에서 구원을 찾아 헤매게 합니다. 심지어는 종교마저 이러한 마음 불편과 고통으로부터 회피하는 수단으로 이용합니다.

* 알아차림과 내려놓음

붓다는 이런 모든 생각과 감정 뿐 아니라 마음의 불편과 번뇌도 피하지 말고 직시하라고 합니다. 그리고 이 모든 것이 내 것이 아니고, 에고 또한 내가 아니라고 일깨워 줍니다. 에고가 지어낸 이야기를 경청하되 내 것이 아님을 자각하라고 합니다. 쓰레기는 지니고 다니면 악취가 나므로 버려야 하듯이 마음의 찌꺼기를 알아차리고 내려놓으라고 합니다.

이 알아차림과 내려놓음은 명상의 요체입니다. 두려움은 정신을 위축시켜 소심하게 만들고, 자기 방어에 급급하게 합니다. 누군가에게 평가받고 야단맞을 때 자신을 잘 관찰해 보면, 위가 뒤틀리거나 몸이 긴장하고 있음을 알게 됩니다. 두려움은 긴장성 두통, 신경성 위염, 공황 장애, 요통 등 여러 신경성 질환들을 일으킵니다. 또한 주변 사람들의 사소한 말 한마디에도 자기만의 소설을 써서 사실을 변형, 왜곡시킵니다. 명상은 이 두려움의 증폭 과정을 관조합니다. 나에게 일어나는 두려움을 피하지 않으면서 바라보는 참여적 관찰을 통해 내 것이 아님을 자각하고 자유를 느낍니다. 그동안 두려움이나 고통으로부터 벗어나려 애쓰느라 두려움을 보지 못했지만 이제 내면의 실상을 여실히 바라보고 받아들이면서 평온한 마음이 됩니다. 두려움의 본질과 구조를 온전히 바라보고 그 속으로 직접 들어가 경험하면서 오히려 벗어날 수 있게 된 것이지요. 두려움을 깊이 바라보고 그것이 어린 시절에 주입되었으며 또 스스로 만들어 낸 신념들로 이루어졌음을 깨달으면 더 이상 두려워할 필요가 없게 됩니다.

* 연민과 평정심

마주하고 바라보면 두려움이 만든 여러 소설을 감상할 수 있게 되고 이야기 주인공에게 가여움을 느끼게 됩니다. 또한 내가 만든 이야기로 피해 입은 주변 사람들에게 연민의 감정이 퍼져 나갑니다. 그들도 얼마나 두렵고 아팠을지 공감하게 되고 연민이 샘솟습니다. 자타에 대한 연민은 조건이 없고 한계가 없습니다. 비로소 자신을 사랑하고 남을 보듬을 수 있게 됩니다. 이제 두려움이 일어나도 두려움이 만들어 내는 이야기에 빠지지 않고 그저 귀를 기울이게 됩니다. 이렇게 마음은 평정심을 유지할 수 있습니다.

에고가 고치려하고, 평가하고, 비난하려 애쓰는 걸 오히려 안쓰럽게 여기고 따뜻하고 부드럽게 관심을 주면 진정한 마음이 열리기 시작합니다. 두려움이 어떻게 생기고 어떻게 다른 사람에게 전파되는지, 어떻게 화를 내고 어떻게 수치심을 불러일으키는지 명확히 보게 되면 두려움에 지배당하지 않는 주인공이 됩니다. 가짜 나가 아닌 '참 나'로 살아가게 됩니다.

두려움에
귀 기울이기

고요히 눈을 감고 호흡을 바라봅니다.

호흡이 점점 느리고 깊어지면 고요하고 편안한 마음을 느껴 봅니다.

이제 가슴에 주의를 집중합니다.

가슴에서 두려움을 바라보고 온몸에서 두려움을 느껴 봅니다.

떠오르는 기억들이 무엇이든 허용하겠다는 의도를 명확히 세우고 아무리 아픈 기억이라도 기꺼이 마주하리라 결심합니다.

두려움이 들려주는 이야기에 귀 기울입니다.

떠오르는 장면과 사건에 집중합니다.

그때 겪은 아픔, 두려움, 분노, 좌절, 당혹, 외로움 등을 경험해 보세요.

충분히 숙고해 보세요.

그리고 그 아픔을 따뜻하게 안아 주세요.

내면의 지혜에게 요청해 보세요.

'부디 마음의 상처가 치유되기를!'

'가슴이 조건 없는 사랑으로 충만하기를!'

내면의 지혜에 감사를 표합니다.

※ 명상 중 경험과 깨달음을 기록합니다.

....

....

....

....

....

....

4장

깨어남,
'참 나'의 삶으로

깨어나면
의식은 어둠에서 밝음으로,
번민에서 환희로 변합니다.

22

고정된 자아나
인격은 없다

인격의 형성 과정에 대해 살펴보겠습니다. 인격personality의 유의어로 성격character이 있지요. 또 기질temperament도 있습니다. 성격이나 기질은 선천적으로 타고난 느낌의 표현으로 쓰인다면 인격은 후천적 성격까지 포함하여 보다 넓은 표현으로 쓰입니다. 타고날 때부터 고정되고 완성된 몸과 마음은 없습니다. 인격도 몸처럼 성장과 발달을 거듭합니다. 죽을 때까지 변화를 겪는 것은 몸보다 마음이지요. 그런데도 자아 정체성은 태어날 때부터 죽을 때까지 항상 동일하게 지속되는 나로 파악하는 속성을 지칭합니다. 자아 정체성이 마음 자체나 마음 전체라고 할 수는 없지요. 자아(에고)는 인격의 중심이라 할 수 있지만 그것 또한 시기마다 변하여 성숙과 쇠퇴의 경과를 밟게 됩니다. 선뜻 동의하기 어려울 수 있습니다. 하지만 이 전형적인 예로 사람이 완전히 딴사람으로 변해 버리는 경우를 들 수 있습니다. 큰 충격을 받은 후에도 그렇고 큰 깨달음을 얻은 후에도 그렇지요. 보다 극단적인 예는 자식도 몰라보는 중증 치매 환자입니다. 그래도 자아가 고정된 영혼 같은지요? 고정불변의 나는 창조된 바도 없고 존재하지도 않습니다.

* 인격의 형성

인격은 유전적으로 물려받은 형질에 후천적 환경의 경험이 더해져 형성됩니다. 쌍둥이일지라도 양육 환경이 다르면 전혀 다른 성향으로 자라나고 모성이 박탈된 어미 원숭이와 그렇지 않은 원숭이에게서 자란 아기 원숭이 행동의 차이가 얼마나 판이한지 밝혀낸 연구 등은 인격을 유전과 환경의 합작품이라 말할 근거가 됩니다. 인격의 성장은 뇌 신경 세포의 성숙과도 연관이 깊습니다. 적절한 자극과 학습이 제공되는 환경에서는 신경 시냅스가 활발하게 연결되고 신경 세포들이 서로 조화롭게 연결되는 데 반해 열악한 환경에서는 신경 연결이 원활하지 않다는 연구 결과가 있습니다. 신경 연결도 고정적인 유전적 명령에 따라 연결되는 게 아니라 현재의 상태에 따라 변화무쌍하게 이루어진다는 것이지요. 우리의 마음은 매순간 신경 시냅스들에 의해 결정되기도 하고 마음의 현재 상태가 신경 연접을 결정하기도 하는 상호 의존 관계에 있다고 볼 수 있겠습니다.

인격을 형성하는 환경적 요인 중 가장 중요한 것이 무엇인지 알아봅시다. 눈을 감고 호흡을 가다듬고, 내 생애 최초의 기억을 살펴보십시오. 어떤 장면이 떠오릅니까? 대체로 5~6세 이후의 기억을 떠올리고 3~4세 이전 기억을 연상해 내는 사람은 매우 드뭅니다. 기억력과도 관계가 있지만 아주 특별한 사건인 경우 자세한 내용 없이 장면만 기억해 내지요. 그런데 이렇게 기억나지 않는 영유아 시절의 경험이 인격 형성에 근간이 된다는 게 문제입니다. 3~4세 이전은 아직 충분한 언어 구사가 이루어지지 않은 시기로 온몸으로 학습하고 경험하는 때이기도 합니다.

인간의 최초의 환경은 어머니 자궁입니다. 어머니 자궁은 단순히 생물학적 의미보다 훨씬 더 큰 의미가 있습니다. 태아에게 어머니의 자궁은 그야말로 세계 전체입니다. 모태의 양수는 우주적 바다이지요. 어머니의 심신 양면의 모든 상태가 태아에게 그대로 전달되므로 인격 형성의 최초 환경적 요인은 임신한 어머니의 심신 상태라고 할 수 있겠습니다. 임신이 원한 임신이었는지 원치 않은 임신이었는지, 우발적 임신인지 간절한 마음으로 기다린 임신인지에 따라 큰 차이가 있겠지요? 임신 10개월 동안에도 심리 상태에 따라 태아를 생명체로 보고 대화하고 다독이며 좋은 음악을 들려주고 언행을 조심하는 것과 그렇지 않은 것의 차이가 있을 수밖에 없지요. 부모의 정신 건강이 얼마나 중요한지 알 수 있는 대목입니다.

출산도 중요합니다. 출산은 어떤 심리적 의미가 있을까요? 태아가 엄마의 자궁을 떠나 첫 울음을 터뜨립니다. 자, 눈을 감고 갓 태어난 신생아의 심정이 되어 보겠습니다. 잘 모르겠다면 상상력을 동원해 볼까요? 아주 두렵다고요? 막막하고 외롭고 춥다고요? 그렇습니다. 그동안 따뜻한 자궁 속에서 부족함 없이 지내던 아기는 차가운 세상에 혼자 분리되어 탯줄 호흡에서 힘겨운 폐 호흡을 시작해야 합니다. 먹는 것도 자동 공급되던 완벽한 상태에서 불만족스러운 수동 공급으로 바뀌지요. 이 엄청난 변화에 아기는 세상이 완전히 뒤바뀐 충격을 받는 겁니다. 불편하기 짝이 없는 첫 괴로움, 태어남의 고통生苦입니다.

* 출생은 심리적 트라우마

출산의 심리적 의미는 무엇일까요? 출산, 태어남은 어머니에게 기생하는 상태에서 벗어나 처음으로 분리, 독립하는 의미가 있습니다. 그런 의미에서 인격의 발달은 자립의 완성을 목표로 합니다. 신체적으로 홀로 서는 것도 만 1년 전후에야 가능하고 정신적·경제적·사회적 자립까지는 20~30년이 경과해야 하지요. 열 달이나 배 속에서 무겁게 키운 아이를 출산한 어머니의 심정은 또 어떨까요?

'내가 이렇게 훌륭한 아이를 낳았다니!'라는 경외감과 뿌듯함, 사랑의 마음이 샘솟는 사람이 있고, 고생하고 희생한 것에 대해 원망하는 사람도 있지요. 또 한편으론 이와 같은 설렘, 행복과 불안, 걱정, 불만의 상반된 감정을 동시에 갖는 산모도 있습니다. 이런 양가감정은 산후 우울증의 원인이 되기도 합니다. 임신 중에 인공 유산을 고려해 본 엄마는 죄책감으로 우울증에 빠질 수 있습니다. 지워 버리겠다는 느낌 혹은 생각을 전달 받은 아이도 이 기억을 민감하게 몸에 새겨 훗날 이유 없는 반항과 부정적 모자관계로 표출되기도 합니다.

허용적이고 자애로운 부모도 많지만 집착이 강한 과잉보호형 부모, 엄격한 과잉 통제형 부모, 방치형이나 무관심형 부모, 나아가 폭력적이고 가학적인 부모, 그리고 모성·부성의 부재라는 최악의 경우도 있습니다. 얼마나 많은 인격체가 다양하게 형성될 수 있는지 이해가 되시지요? 아이가 세상과 관계 맺는 방식은 최초의 세상인 부모와의 관계 방식입니다. 부모가 아이를 대하는 그대로 아이도 모방하고 학습하여 세상을 대하게 되지요. 아이는 부모의 거울이라는 말이 이것을 웅변합니다. 부모로부터 생물학적 유전형질만 물려받는 게 아니라 관계 방식마저 물려받습니다.

부모와의 관계에서 아이는 세상을 안전하게 항해할 최초의 추진력을 얻게 되는데 그것이 신뢰입니다. 내가 항상 뭔가 필요하고 불편할 때 그걸 재빨리 알아차리고 이해하고 수용해 주는 부모로부터 깊은 안도감과 믿음이 생기지요. 이런 기본 신뢰가 확고한 아이는 자아 존중감이 높지만 그렇지 못한 아이는 자신을 비하하는 자존감이 극히 낮은 아이로 자랄 수밖에 없습니다. 부모가 순종만을 바라면 어떻게 될까요. 간섭과 나무람이 지나치겠지요. 조금만 울어도 나쁜 아이요, 부모를 괴롭히는 아이라고 책망한다면 아이는 자유롭게 울지도 못하고 숨죽이며 눈치를 살피게 됩니다. 이런 아이는 맹목적으로 상대에게 의존하거나 지배당하고 소유당하는 것을 편하게 느끼기 때문에 자기 결정을 못하고 중요한 인생 고비마다 힘들어 하는 신경 증상을 겪을 수 있습니다. 마음속의 억압된 분노와 적개심 등으로 우울증을 겪거나, 자살, 자해로 본인을 힘들게 하거나, 아니면 공격적이고 가학적으로 상대를 지배하고 조종하려 들기 쉬워 대인 관계가 원만하지 못하게 됩니다.

이와 같이 아이가 세상과 관계 맺는 방식은 일정한 패턴으로 반복되는데 그것은 부모와의 관계로부터 비롯되고 부모의 관계 방식은 부모의 부모로부터 물려받은 것으로 가족에 특징되는 성향이 대물림되지요. 이를 불교에서는 업의 상속이라고 표현합니다. 윤회라는 게 얼마나 과학적인 것인지요. 연기의 깊은 의미를 맛볼수록 윤회는 신앙적 개념이 아니라 자연 법칙 그대로라는 걸 새삼 느끼게 됩니다. 감시하고 통제하는 부모가 될 것인지 허용하고 격려하는 부모가 될 것인지는 우리에게 달린 문제입니다. 사랑도 조건부 사랑이 아닌 조건 없는 사랑이요, 존중이어야 아이를 독립적이고 자존감 높은 아이로 키울 수 있겠지요.

이 숙고 명상은 누워서 하는 것을 추천합니다.

눈을 감고 심호흡을 합니다. 1분간 호흡합니다.

호흡에 집중하며 마음과 몸을 이완시킵니다.

부모님에게서 어떤 상처를 받았는지 떠올려 보세요.

부모님께 표현하지 못한 것을 표현해 보세요.

질문, 하고픈 말, 못했던 말, 화, 서운함, 억울함, 미안함 등을 떠올리고
토로합니다.

그리고 용서합니다. 감사하다고 안아 드리고 사랑한다고 말해 봅니다.

아마 처음으로 부모님께 사랑한다고 말하는 분도 있을 수 있습니다.

어색해 할 필요 없습니다. 명상 중에는 어떤 것이든 가능합니다.

부모님과 나의 상처를 치유해 주길 내면의 신성에게 요청하세요.

그리고 신성에게 감사를 표합니다.

※ 어떤 상처를 받았는지 적어 보세요.

23

진정한
자립의 길

마음의 상처는 관계로부터 옵니다. 아이러니하게도 우리는 가장 가까운 사람에게서 상처를 받습니다. 믿고 의지해야 할 그들로부터 말 한마디 몸짓 하나에 상처받고 비명을 지르게 됩니다. 상처 준 사람도 아이에게, 부모에게, 배우자에게 화를 낸 것을 후회하고 자책합니다. '참아야 하는데 왜 못 참았을까' 후회하지만 이미 상처를 주고 말았지요.

잠시 눈을 감고 자신이 자라온 과정 또는 아이들 양육 과정을 돌아봅니다. '이렇게 하라 저렇게 하라'는 주문과 강제가 많지 않았나요? 칭찬보다 비난을 쏟아 버리지는 않았나요? 부모는 아이를 지배하고 자신의 신념을 주입시키려 들기 바쁩니다. 부모의 생각만 옳다고 통제하려 듭니다. 자기 자신에게도 수많은 자책과 비난을 일삼아 마음을 할퀴고 상채기를 냅니다. 쏟아지는 총알은 전쟁터에만 있는 줄 알았는데 삶이 전쟁터가 됩니다. 우리 가정 안에서 그리고 우리 자신 안에서 수시로 전쟁이 일어나고 있습니다. 안식처가 되고 보금자리가 되어야 할 가정, 그리고 최후의 보호자가 되어야 할 자신마저 가해자 노릇을 한다면 그 삶은 암흑이고 절망일 수밖에 없습니다. 아이들은 비난과 질책으로 위축되고 억압됩니다. 자신감이 사라지고 자존감은 바닥에 떨어지지요. 설교나 훈계로는 아이를 일으킬 수 없습니다. 엄벌은 행동의 개선은커녕 창의성과 자율성, 나아갈 가능성마저 박탈하는 결과를 초래합니다.

출생과 함께 모체에서 분리된 아이가 첫 번째로 이루어야 할 과제가 안정감과 신뢰감이라면 두 번째 과제는 자율성과 주체성입니다. 아이가 자율성을 키우는 첫 무대는 밥상입니다. 아이는 밥을 잘 먹기도 하고 싫다고 버티기도 하지요. 다음은 화장실입니다. 대변을 가릴 무렵에 함부로 배변해 버리기도 하지만 참기도 합니다. 이 두 과정이 원만하고 자연스럽게 이루어지지 않고 부모가 무서운 압력을 가하면 아이는 자라서 강박증에 걸리거나 대인 관계, 특히 윗사람과 관계가 원만하지 못해 자주 직장을 그만두는 원인으로 작용하기도 합니다.

* 갈등과 사회성, 스스로 깨달아 얻는 지혜

안정감과 자율성을 어느 정도 획득한 아이도 피할 수 없는 커다란 사건이 있습니다. 그것은 동생의 출현입니다. 앞서 살펴보았듯이 지금까지 독점했던 부모와 주위의 사랑과 관심이 갑자기 나타난 아기에게 쏠리면 아이는 상대적 박탈감을 경험할 수밖에 없습니다. 아직 이해력이 충분하지 못한 아이에게 동생의 출현은 참을 수 없이 받아들이기 힘든 현실이지요. 인간은 적응하며 살아가는 존재라 결국은 받아들이지만 늘 마음속에는 형제에 대한 선망과 시샘이 있어서 자주 티격태격 싸울 수밖에 없습니다. 이 싸움은 길게는 성인기에 이르기까지 지속되지만 대체로 동생을 체력적으로 함부로 다룰 수 없는 수준에 이르면 더 이상 폭력적으로 제압하려 들지 않게 되지요. 이 긴 형제의 전쟁은 사실 인격 발달의 중요한 과정입니다. 형제 간의 교류와 다툼을 통해 아이는 이기적 나르시시즘으로부터 벗어나 사회성을 배우고 선의의 경쟁과 공존의 지혜를 터득하기 때문입니다.

이 형제 간의 갈등을 어떻게 중재할 것이냐가 부모의 어려운 과제이자 중요한 책임입니다. 부모들은 대체로 '동생에겐 이래선 안 된다, 형은 이래야 된다', '여자에게 그래서는 안 된다, 남자는 이래야 된다' 등의 가치관과 도덕 기준을 제시합니다. 이때 형제 가운데 어느 한편을 들면 다른 아이에게 심각한 상처를 주게 되고 분노와 적개심을 유발하게 됩니다. 너무 지나친 질책이나 간섭은 자율적인 해결 과정을 차단할 수 있습니다. 형제들이 다투면서 자기 주장을 하고 그 주장을 끝까지 진행시켜서 원만한 결론에 이르기까지 지켜봐 주고, 중립적이고 민주적으로 중재해 준다면 아이들은 건전한 토론 문화를 체득하게 될 것입니다. 반대로 부모의 너무 완벽하고 가혹한 훈육은 융통성이 없는 고집불통의 아이 또는 자기 표현을 적절히 못하는 아이로 만들어 합리적 토론이 불가능한 원인으로 작용합니다.

* 건강한 상호 의존 관계와 자립

건강하게 성장하는 아이는 부모의 조건 없는 사랑과 관심, 관용에 의해 자신감 있게 세상을 경험하며 자립심을 키웁니다. 세상에 대한 호기심, 경이로움은 아이가 건강하게 사회성을 키우는 원동력이 됩니다. 아이는 자립심을 키우면서도 부모와 소통을 통해 상호 신뢰하며 의존합니다. 건강한 상호 의존 관계는 건강한 자립의 바탕이 됩니다. 친구와 우정을 쌓고 이성과 서로 사랑할 수 있는 것도 어린 시절 부모와 상호 의존된 친밀감의 경험 덕분이지요. 독립은 고립이나 독존이 아니라 상호 의존된 자립이라 할 수 있습니다. 우리는 이 세상의 모든 것에 의지하여 존재합니다.

홀로 분리된 개체로 존재하는 것이 아님에도 이 세상에 고립된 느낌, 외로움과 공허함은 어디서 비롯되는 것일까요? 누구와든 관계를 유지하려 들고 무엇이든 필사적으로 매달리게 되는 이유는 진정한 자기 자신과 관계 맺지 못하고 있기 때문입니다. 우리는 그 어디에도 그 누구에게도 의지할 수 없을 때 비로소 자기 자신을 돌아보고 진정한 자신과 연결될 수 있습니다.

건강한 자립을 성취한 아이는 자신의 모습, 자기 정체성을 확립할 수 있습니다. 자신은 특별하다 느끼며 자기가 해내는 일들이 신기하고 자신에 대해 만족합니다. 자신이 가치 있는 존재이고 사랑받는 존재라 느끼면서 자존감이 굳건하게 뿌리내리지요. 그러나 이러한 발달 과제가 사랑의 결핍이나 부모의 학대와 무관심 또는 과잉보호와 통제로 원만히 성취되지 못할 때 불신, 열등감, 수치심, 분노, 공허감, 무가치감, 적대감 등이 마음속에 바이러스처럼 증식합니다. 더 이상 경멸과 고립의 대상이 되지 않도록 자신을 보호하기 위해 편협함과 피해 의식으로 방어하고 심하면 도벽, 거짓말, 폭력 등을 행사하거나 이단 종교와 각종 범죄에 가담하게 됩니다. 각종 중독 상태로 통제 불능의 상태가 되거나 반사회적 심리 상태로 황폐해지는 것이지요.

이것은 부모의 이기적이고 성숙하지 못한 양육에 기인합니다. 아이는 부모를 미워할 자유도 박탈된 채 자란 것이지요. 그 부족한 사랑마저 잃을까 두려운 나머지 적개심을 깊이 숨기면서 살아가

다가 어느 순간 폭력적으로 폭발하거나 자해와 우울증에 시달리게
됩니다.

진정한 자립은 그런 가해자들에 맞서 자신을 주장하고 표현할
때 이루게 됩니다. 안전한 상담 공간에서 마음 놓고 감정을 풀어내
는 방식으로 어린 시절의 상처를 딛고 자립할 수 있습니다.

* 고립과 소외로부터 벗어나기

부모나 배우자가 해 주지 않음을 탓하고 세상을 원망하는 대신
'나 자신도 그리 못해 주는데'라는 자각이 들려면 할 수 있는 일이
딱 하나 있습니다. 호흡을 살피고 마음속을 들여다 보는 것입니다.
그동안 등한시했던 자신에게 관심을 기울이고 안아 주는 작업이
명상입니다. 어찌할 수 없는 상황을 바꾸려 하기보다는 그대로 놔
두고 바라봅니다. 바라보고 또 바라보고 호흡과 함께 바라보십시
오. 바라보고 있노라면 흙탕물이 점점 가라앉듯이, 안개가 스스로
걷히듯이, 그렇게 서서히 상황을 있는 그대로 볼 수 있게 됩니다.

판단을 개입시키지 않고 객관적으로 바라보다 보면 호흡은 어느
새 자리를 잡게 되고 생각도 억지로 없애려 들지 않아도 꼬리를 접
게 됩니다. 격앙된 감정은 바로 진정되지 않지만 따뜻하게 품어 오
래오래 지켜보면 풍랑이 잦아들고 고요해지기 시작합니다. 명상에
서 배워야 할 것은 통제나 규제보다 '자율'이어야 합니다.

붓다가 깨달은 연기법은 인간관계의 상호의존성을 분석하고 통찰한 것으로 모든 고통과 불행은 그럴 만한 연유가 있고 그것을 깨달으면 종식된다는 가르침입니다. 정답을 정해 놓고 '이래야 되고 저래야 된다'고 주입시키는 게 아니라 '이렇게 하면 그렇게 되고 이렇게 하니 저렇게 되는구나'라고 스스로 풀고 깨닫게 해 주는 것입니다.

호흡과 함께 걷고 호흡과 함께 앉습니다.

호흡을 가만히 들여다보십시오.

가만히 보고 있노라면

처음의 거친 호흡이 파도가 가라앉듯 저절로 제자리를 찾습니다.

마음의 신묘한 치유력이 발동하여 감정의 너울도 고요해집니다.

마음 깊은 곳 예지의 빛이 작동하면

암흑도 새벽 여명처럼 물러나고

절망적 상황도 그렇게 나쁜 상황이 아니게 됩니다.

바라고 간구하는 것이 아니라 그냥 바라봅니다.

부모와의 관계에 이어 배우자와의 관계,

자녀와의 관계를 숙고해 보는 시간을 충분히 가지십시오.

가슴속에 내면의 신성을 초대하고

상처를 치유해 달라고 요청하십시오.

그리고 내면의 신성에 감사를 표합니다.

※ 명상 중 경험과 깨달음을 기록합니다.

....

....

....

....

....

....

24

에고를 넘어서
'참 나'의 삶으로

무지의 어둠으로부터 비롯된 습관이 우리의 마음 밑바닥에 있습니다. 우리 마음대로 조절할 수 없는 마음에는 뿌리 깊은 성향이 있기 때문입니다. 마음 밭은 방치하면 잡초 무성한 가시밭이나 자갈밭, 황무지가 되어 버립니다. 세상이 갈등과 대립으로 싸움이 그치지 않는 것도 마음 관리를 방치하고 있기 때문이지요. 마음공부를 꾸준히 하면 본래 마음이 정초되어 반복되던 악습이 점점 해체되고 좋은 습관과 바른 성향이 자리잡게 됩니다.

흔히 마음이라 하는 것은 평상시 마음입니다. 평상시 마음은 개념을 사용합니다. 모양과 이름으로 인식하여 해석하곤 하지요. 그런데 평상시 마음만 마음일까요? 그것은 하늘에 구름만 있다고 여기는 것과 같습니다. 평상시 마음 너머 마음의 본바탕을 보아야 합니다. 어떻게 볼 수 있을까요? 그렇습니다, 명상입니다.

명상은 평상시 사용하는 마음을 잘 바라보기입니다. 바라보는 그 마음이 우리를 무지의 어둠에서 깨어나게 합니다. 명상자가 호흡과 함께 조용하고 평온한 상태가 되면 평상시 마음이 조용해지기 시작합니다. 그러나 마음의 고향과는 거리가 있습니다. 우리는 마음의 본바탕을 덮고 있는 구름들을 걷어 내야 푸른 하늘을 볼 수 있습니다. 명상은 이 구름들을 바라보고 자각함으로써 그것들을 점차 약화시킵니다. 개념을 사용하려 드는 평소의 마음을 바라보고 알아차림으로써 밝은 마음이 명료하게 드러납니다. 하지만 오래된 습관들은 좀처럼 버릴 수 없습니다. 평상시 마음은 조건화되어 있어서 잠시 옛 습관을 버렸다가도 금방 종전처럼 되돌아가고 맙니다.

* 마음 속의 마음, 무의식

살면서 겪은 경험들은 사라지지 않습니다. 기억 속에 그리고 기억보다 더 깊은 무의식의 창고에 저장됩니다. 어린 시절 겪은 두려움, 분노, 외로움, 거부당한 느낌, 소외감, 차별감 등은 사라지지 않고 마음속에 묻혀 있다가 우리도 알아차리지 못하는 사이 삶에 영향을 미칩니다. 이미 경험한 두려움이나 분노가 너무 고통스러워 다시 경험하기를 두려워합니다. 에고의 방어 기제가 발동하여 고통을 회피하거나 없애려 들고 대면하지 못하게 그럴싸한 이야기를 만들어 냅니다.

무의식은 '마음속의 마음'이라 불리며 평소 자각하지 못하는 의식 세계를 일컫습니다. 모태에서 수정된 이후 자궁 속에서 경험을 시작으로 출생 후 겪는 모든 경험들의 저장소입니다. 너무 끔찍하고 혐오스러워 간직하고 싶지 않고 차마 간직할 수도 없는 상처의 기억이 모인 집합소, 모든 신화와 예술의 창고이자 종교의 뿌리이기도 하며, 긍정적이고 예지적이며 창조적인 선험적 지혜가 간직된 곳이기도 합니다. 서구 심리학은 단순히 의식과 무의식으로 분류되지 않는, 보다 넓은 정신 세계로서 집단 무의식과 자아 초월 의식이 존재한다고 말하기도 합니다.

* 마음의 푸른 하늘, 초의식

동양에선 이미 고대로부터 명상 수행을 통해 접하는 의식 세계를 설명하고 있습니다. 이른바 초의식입니다. 초의식은 개인 의식을 넘어선다는 뜻입니다. 더없는 행복, 이유 없는 환희와 감동, 조건 없는 사랑과 연민, 그러면서도 칭찬과 비난, 행과 불행에 일희일비하지 않는 부동의 평정심 등 의식과 무의식의 주인으로 자처하는 에고가 결코 넘볼 수 없는 의식 세계입니다. 에고가 온전히 작동을 중지하였을 때 드러나는 세계라 하겠습니다. 구름이 하늘의 전부가 아니듯이 허공은 우주의 모든 것을 안으면서도 오히려 남음이 있고, 누구의 허공도 아니면서 내 것, 네 것으로 구분할 수 없어 개념으로 다가갈 수 없는 세계이기도 합니다. 에고가 주재하는 의식-무의식 세계와 달리 초의식 세계는 신성과 불성의 바다이지요. 신성함이 흐르고 내면의 지혜가 작동하며 조건 없는 사랑과 연민으로 가득한 그곳이 우리의 고향이고 우리가 뿌리내린 곳입니다. 그곳은 허공처럼 태어난 바도 없고 죽는 바도 없으며 모든 판단과 분별을 넘어서 있습니다. 모든 것을 잉태하였지만 어느 것도 소유하지 않고 주재하지 않는, 무엇으로도 한정할 수 없는 신과 인간, 지옥계를 아우르는 광대한 의식 세계입니다.

* 분리감과 연결감

우리가 어린 시절 경험한 것 가운데 두드러지는 것이 '새로움'입니다. 새로운 것들에 대한 자각과 더불어 관점이 새로워지고 세상이 달리 보이는 경험이 그것입니다. 그러나 자라면서 점점 이 경험은 둔해지다가 마침내 기억에서 어슴푸레 사라지게 되고 말았습니다. 그날이 그날이고, 어제와 똑같은 오늘이 되풀이 되며, 내일에 대한 기대도 별로 갖지 않게 되어 버렸습니다. 마음공부를 하기 시작하면서 의식의 다른 자락을 걷어 올리게 되면 어린 시절 경험하던 새로움에 다시 환희하게 됩니다. 모든 순간을 늘 깨어 새롭게 자각하기 때문이지요. 이 경험을 넘어서 온전히 내가 죽고 사라져 버리는 지극한 영적 고통을 겪고 나면 그때 비로소 죽음의 어둠에서 새로이 태어나게 됩니다.

죽음은 정신적·영적 재탄생으로 승화되는 새로운 삶의 시작이니 피하거나 두려워할 대상이 아닙니다. 오히려 주인으로 행세하는 에고의 항복을 받아 낼 기회이기도 하지요. '모든 걸 다 내가 한다'에서 '아무것도 할 수 없다'고 에고가 항복을 하는 절체절명의 순간, 에고의 작동은 멈추고 에고의 배경이 전면으로 드러납니다. 에고가 구름이라면 마음의 본바탕은 푸른 하늘입니다. 더 이상 에고의 껍질에 싸여 바라보는 게 아니라 에고의 감옥에서 벗어나 새로운 시각으로 세상과 연결됩니다. 분리감을 느끼지 않으니 가슴에 피어나는 따사로움, 기쁨과 연민, 깊은 고요함으로 비로소 변화가 일어납니다. 거듭 태어난 삶은 환희롭습니다. 매사를 단조로운 반복으로 느끼면서 모든 걸 판단하고 평가하는 대신 삶의 파도를 있는 그대로 바라보고 천진한 아이처럼 호기심으로 즐기며 감상할 수 있게 됩니다.

* 에고가 사라져야 열리는 '참 나'의 삶

두 주인이 우리 안에 살고 있습니다. 하나는 수다스럽고 많은 것을 요구하는 계산적인 에고이고, 다른 하나는 잔잔한 지혜의 목소리를 들려주는 숨어 있는 영적 존재입니다. 에고는 가짜 주인이고 내면의 지혜가 진정한 주인입니다. 에고가 개념에 불과한 가짜 주인임을 깨닫고 진정한 자기로 사는 것이 바로 '무아'입니다.

그것은 개념과 지식으로 사는 삶이 아니라 에고가 사라져야 열리는 '참 나'의 삶입니다. 머리가 아닌, 모든 영적 성찰과 순수한 자각인 불성이 우리의 내적인 스승입니다. 내적인 스승은 단 한 순간도 우리를 포기하는 일이 없습니다. 우리가 내면에 귀 기울이는 순간 늘 만날 수 있는 친구이기도 하지요. 인간의 형상과 목소리, 지혜를 가진 우리의 외적 스승은 바로 우리 자신의 내적 지혜의 외부적 표출입니다. 우리는 너무나 오랫동안 내면의 스승인 불성을 망각하고 에고의 미혹에 갇혀 기나긴 어둠에 잠겨 있었습니다.

✽ 무아와 불성

마음의 본바탕인 자비와 지혜는 에고의 분별하는 마음이 녹아 없어지는 순간 만날 수 있습니다. 에고는 자신을 돌아보지 않고 밖으로 투사를 일삼으며 상대방을 헐뜯는 데 분주합니다. 우리가 깨어있지 못하면 마음은 금방 흩어져 에고의 지배를 받게 됩니다. 에고의 준동을 자각하면 평소의 투사하는 관습에서 벗어나지만 잠시만 부주의해도 에고에 지배당하고 맙니다. 자신을 돌아보는 알아차림은 어둠 속의 불빛과 같습니다. 자각이라는 불성의 빛은 마음의 본향으로 안내합니다. 우리가 무언가를 꾀하거나 조작하지 않고 본래 고향에서 고요히 바라본다면 불성으로 사는 것입니다. 이렇게 햇빛처럼 평등하게 조건 없이 모든 것을 따사롭게 감싸는 '자비'와 모든 것을 아주 세세한 부분까지 비추는 '지혜'가 불성의 특징입니다.

바다에는 잔잔한 파도만이 아니라 거친 파도도 있습니다. 거친 파도가 일어나 으르렁거리다가 바다의 고요함 속으로 되돌아가는 것처럼 분노나 욕망, 질투 같은 강렬한 감정도 호흡과 함께 깨어 바라보면 우리를 사로잡지 못하고 저절로 가라앉게 됩니다. 늘 호흡과 함께 삶에서 떠오르는 생각이나 감정을 냉대하지 않고 환대하며 바라보면 억압된 감정이 자유롭게 풀려나게 됩니다.

'가짜 나'인 에고에 대한 집착은 우리의 온갖 부정적인 생각, 감정, 욕망, 행위의 원인입니다. 에고에 대한 애착이 우리를 불행과 재앙으로 이끕니다. 삶의 고해에서 끝없는 윤회의 원인이 되는 가짜 나에 대한 오래된 집착을 내려놓으면 다른 사람들의 고통을 껴안는 자비를 실현할 수 있습니다. 에고의 이기적 집착을 다스릴 묘약이 바로 자비심입니다. 자비는 모든 치유의 근원이고 지난날의 부정적인 카르마뿐 아니라 미래의 씨앗인 현재의 카르마까지 정화시킵니다. 모든 것으로부터 받았음을 자각하면 감사의 마음이 가슴에서 파도처럼 일어납니다. 자비로운 에너지가 내게 도움 준 사람뿐 아니라 상처 준 사람, 나아가 자연의 모든 것을 향해 흘러가게 되고 비로소 온 우주가 연결되어 감사와 사랑으로 파동칩니다.

평등한 자비와 지혜,
불성

눈을 감고 호흡을 바라보며 고요히 앉아 봅니다.

구름 한 점 없는 푸른 하늘과 드넓은 초원에 앉으세요.

공평무사하게 모든 것을 비추는 햇빛을 떠올려 보세요.

세상의 모든 강들을 받아들이는 바다를 떠올립니다.

세상의 모든 찌꺼기를 받아들이는 대지를 떠올립니다.

이제 여러분의 가슴에 내면의 지혜, 신성과 불성을 초대합니다.

그 신성과 대화를 나눠 보세요.

그리고 감사를 표하세요.

가슴과 온 세상이 감사와 사랑으로 가득차도록 허용하세요.

불성의 바다에서 춤을 춰 보세요.

※ 명상 중 경험과 깨달음을 기록합니다.

....

....

....

....

....

....

25

깨달은 자의
보편적 사랑

　'나를 믿고 따르면 너를 예뻐하고 재산도 물려주리라. 그러나 나를 거역하면 가차 없다'는 마음은 대인의 마음인가요, 소인의 마음인가요? 중생 의식은 옳고 그름을 따지며 좋고 싫음이 대립합니다. 붓다 의식은 모든 분별과 시비를 내려놓고 평등하게 수용하는 대자대비大慈大悲입니다. 중생은 나와 남의 잘못이나 부족함을 크게 보고 힐난하지만 부처는 만 중생의 아픔을 자신의 아픔으로 보아 조건 없는 사랑으로 그 아픔을 껴안습니다. 중생은 몸과 마음의 집합체를 견고한 나로 믿어 의심치 않는 자아상이 있습니다. 붓다는 이러한 자아상이 개념과 신념에 불과함을 깨달아 뜬구름처럼 여기라 합니다.

에고가 지어내는 갖가지 구름들을 바라보며 '이것은 진정한 내가 아니고 내 것이 아님'을 확연하게 알면 좋아하고 싫어하는 반응을 멈추게 되고 평등심이 확립됩니다. 관조를 강조하는 명상은 모든 차별적 신념을 해체시킵니다. 평등심을 통해 조건 없는 사랑을 구현합니다. 깨어남 이전에는 누구나 애매모호하게 삶을 영위하고 있습니다. 그 애매한 것에 가장 확실한 믿음을 부여하는 게 나라는 존재입니다. 어떤 동식물이나 사물들이 에고를 부여하여 존재하는지요? 모두 자연의 일원으로 서로 의존하며 살아가고 있습니다. 오직 인간만이 신념적으로 살아갑니다.

* 분리된 개체가 아닌 연결된 존재

나와 세상이 분리되어 존재한다는 신념은 어디에서 오는 것일까요? 이는 아마도 모태에서 분리되어 이 세상에 울면서 태어난 트라우마에 기인할 것입니다. 그러나 우리가 과연 탯줄을 자름과 동시에 분리된 존재인가요? 지금 이 순간 우리 몸은 자연의 공기를 호흡하며 자연으로부터 음식을 공급 받아 생명을 유지하고 있습니다. 햇빛과 대지와 푸른 하늘이 우리를 감싸고 있습니다. 이렇게 외부와도, 내면과도 연결되어 있는 것이지 내 몸 하나가 단독으로 존재하는 게 아닙니다. 이 몸은 수많은 세포, 조직과 장기 그리고 수많은 분비물과 미생물로 구성되었고 이 마음은 수많은 생각과 잡념과 감정으로 구성된 정신적 집합체입니다. 이것 하나하나를 나라고 할 수 있을까요? 나라고 여기는 것을 하나하나 관조하면 나에 대한 집착을 내려놓고 평등심으로 볼 수 있게 됩니다.

내 것이거나 나라고 하면 내가 이 모두를 통제할 수 있어야 한다고 붓다는 설하셨습니다. 그 어느 것도 통제할 수 없는데 태어나 늙고 병들고 죽는 것까지 통제 가능하다고 주장하는 것은 에고일 뿐입니다. 신이나 운명이 주재하는 것은 더욱 아니지요. 내가 통제하는 게 아니라 원인과 조건에 따라 생겨나고 사라지는 것들이라면 구름처럼 바라볼 일입니다. 몸과 마음 모두 내가 아니고 내 것이 아니라는 것이 붓다의 무아입니다.

무아는 '죽으면 그뿐'이라는 허무주의 단멸론이 아닙니다. 무아를 실체를 갖춘 어떤 대상이나 신으로 파악해선 더더욱 안됩니다. 마치 허공을 실체로 파악할 수 없는 이치와 같습니다. 우리의 본래 면목인 불성은 허공과 같아 모든 것을 벗어나 있지만 또 모든 것으로 형상화될 수 있기 때문입니다. 하나이자 전체요 다르면서도 하나입니다. 모든 것이자 그 어떤 것도 아닙니다.

그 어느 것도 분리되지 않았는데 분리된 존재라고 믿게 하는 에고에 속지 않는 게 급선무입니다. 에고는 늘 정체가 발각될까 봐 두려움을 일으킵니다. 게다가 자기가 만든 두려움으로부터 피할 묘책을 궁리하기까지 합니다. 이러한 에고의 놀음을 바라볼 수 있다면 에고의 아집으로부터 벗어나 더 이상 자기에게 속지 않는 삶이 됩니다. 삶의 모든 과정에 이 알아차림의 빛을 비추어 보는 한 어떤 불행도 어떤 먹구름도 깨달음의 대상일 뿐 장애가 되지 못합니다. 이것이 가장 수승한 지혜 명상입니다.

이렇게 내면의 지혜와 더불어 살면 나는 분리된 존재가 아니라 모든 것과 연결된 존재임을 깨닫게 됩니다. 보편적 사랑이 연꽃처럼 피어나고 관계가 소통됩니다. 너와 나가 아닌 진정한 우리로 한 가족이 되어 살 수 있습니다. 개인이 모여 가족과 마을을 이루고 국가와 세계를 형성하고, 이 지구도 해와 달과 별들과 우주를 형성하니 모두 한 세상이요 연결된 공동체입니다. 파도와 바다가 그런 것처럼 결코 분리된 바 없습니다. 깨달음, 지혜에 의해서 진정한 자비가 깨어납니다. 지혜 없는 자비는 애착으로 변질되지만 지혜로운 자비는 보편적 자비를 일깨웁니다.

* 내면의 지혜와 보편적 사랑

보편적 사랑을 일깨워 내면의 무한한 지혜와 하나 되면 생생하고 감동적인 불성의 바다가 펼쳐집니다. 고해苦海에서 끝없는 윤회의 원인이 되는 에고에 대한 집착을 내려놓고 다른 사람들의 고통을 안을 수 있습니다. 이런 까닭에 깨달은 자는 자비롭고 평등할 수밖에 없습니다. 보편적인 사랑은 에고를 내세우지 않습니다. 그것은 생명이 위험에 처했을 때 자신을 잊고 구해 내는 마음입니다. 남의 아픔을 아파하는 마음, 남의 기쁨을 함께 기뻐하는 마음도 누구나 가지고 있지만 에고에 덮여서 발현되지 않고 있을 뿐입니다. 에고에서 벗어난 무아의 마음은 모든 이웃의 안녕과 행복을 위하는 자애로움慈, 고통 받는 가족과 이웃에 대한 연민의 마음悲, 남의 기쁨을 함께 기뻐하는 마음喜, 좋음과 싫음을 떠난 평등심捨입니다.

　에고에서 벗어난 평등한 자비심은 모든 이들이 나와 똑같이 고통을 받고 있고 행복하기를 원한다는 깨달음에 의해 일어나는 가슴의 변화입니다. 다양한 관점, 종교, 소수자와 약자, 장애인을 모두 평등하게 수용하는 것이기도 합니다. 평등은 획일이나 통제가 아닙니다. 상대의 생각을 내 관점으로 바꾸려 하지 않습니다. 다른 생각을 가진 상대방을 따뜻하게 품는 자비로움을 실현합니다. 에고의 자기중심성에서 벗어나 삶을 감상하듯 바라보는 관조가 체화된 셈이지요. 결점이 없어서 그 사람을 사랑하는 것이 아니라 결점 그대로 그 사람을 사랑하는 것이 평등한 자비입니다. 완벽한 나, 완벽한 배우자, 완벽한 직업, 완벽한 행복을 바랄 때 불행과 고통이 발생함을 봅니다. 관조는 완벽하려는 욕망에서 벗어나 불완전 그대로 완벽함을 즐길 수 있게 합니다. 삶에서 일어나는 주변의 모든 것을 이렇게 관조한다면 이미 명상적인 삶입니다.

무아 명상

보는 것은 있어도 보는 자는 없습니다.

듣는 것은 있어도 듣는 자는 없습니다.

생각하는 것은 있어도 생각하는 자는 없습니다.

나라는 개인은 없습니다.

나라는 것은 개념에 불과합니다.

몸도 내 것이 아니고 마음도 내 것이 아닙니다.

'나는 사랑이다.'

'나는 기쁨이다.'

'나는 무한한 빛이다.'

충분한 시간 마음속으로 되뇌입니다.

분리감이 사라지면 이 세상은 한 가족이 됩니다.

모두 하나입니다.

눈을 감고 모두 연결된 하나임을 느껴 보세요.

※ 명상 중 경험과 깨달음을 기록합니다.

....

....

....

....

....

....

26

삶을 바꾸는 내면의 지혜,
자비 실현

"중생이 아프므로 내가 아프다."

유마가 문수보살에게 한 이야기입니다.

불교 국가 미얀마의 군부 독재가 민주화를 외치는 국민들을 살
상하고 있습니다. 우리나라의 5·18 민주화 운동이 떠올라 안타깝
기 그지없습니다. 이뿐인가요? 코로나19라는 전세계적 재난 속에
서 선진국이라 자처하는 미국과 유럽 등 서구 여러 나라에서 아시
아인을 혐오하는 폭행과 살인이 일어나는 것을 우리는 보았습니
다. 무엇이 이토록 인간을 무자비하게 만드는 것일까요?

* 모든 고통의 뿌리, 자아의식

현대인의 마음과 고대인의 마음이 다르지 않을 뿐 아니라 내 마음과 네 마음도 별반 다르지 않습니다. 다만 이 마음을 사람마다, 민족마다, 인종마다 달리 쓸 뿐이지요. 다양한 사용법에 따라 인종이 갈라지고 종족이 갈라지고 같은 민족에서도 동서와 남북이 갈라집니다. 그것을 개인의 성격, 가족성, 당파성, 민족성이라 부릅니다. 이렇게 성향이 생겨 응집력을 키우면 권력 다툼과 세력 확장으로 비화하게 됩니다. 개인 간의 폭력뿐 아니라 국가 간의 폭력, 그리고 종교와 인종 사이의 혐오도 탐욕과 분노와 어리석은 신념에 뿌리 잡고 있습니다. 이 세 가지 악한 마음 또한 인류 역사 이래 동일하게 존재하고 있습니다.

인간의 고통은 다른 생명체와 달리 독특합니다. 그것은 다른 생물보다 강한 개성 즉 에고이즘(자아의식)에 기인하지요. 이 에고이즘이 모든 갈등과 대결의 원인이고 이차적 정신적 고통을 생산해냅니다. 인정받고자 하는 마음, 존중받고자 하는 마음, 사랑받고자 하는 마음은 그것이 좌절되었을 때 엄청난 상처와 후유증을 남깁니다. 자존감의 손상은 물론 온갖 열등감과 상실감으로 자신을 해치고 상대방을 해치는 파괴적 행동을 서슴지 않게 됩니다. 남과 비교하여 더 가지려 열망하는 탐욕 또한 누구나 가지고 있습니다. 이 뿌리 깊은 분노와 탐욕의 근저에 에고이즘이 도사리고 있습니다.

붓다는 『맛지마 니카야』에서 이 '나라는 신념'을 무명이라 하였습니다. 자아의식이 모든 고통의 뿌리라는 것입니다.

* 올바른 견해, 어떤 신념에도 머물지 않는 자유

올바른 견해는 올바른 사유에 의해 가능합니다. 상황을 바라보고 파악하는 마음도 위에서 내려다보느냐 아래서 올려다보느냐에 따라 전혀 다른 국면이 됩니다. 내려다보면 부분에 집착하지 않고 전체를 두루 조망할 수 있지만 자칫 오만에 빠질 수 있고, 올려다보면 목표 달성을 위한 동기 유발은 되지만 불만과 열등감에 사로잡힐 수 있습니다. 이렇게 있는 그대로 순수하게 보는 것이 얼마나 어려운 일인지요. 그래서 바르게 보려면 평등심이 확립되어야 합니다. 어느 한쪽에 치우치지 않는 평정심은 탐욕과 분노로부터 벗어나야 가능합니다. 애착과 혐오가 존재하는 한 애증의 굴레와 투쟁에서 벗어날 수 없습니다. 탐욕과 적개심이 가득하면 그 삶은 아귀다툼이 가득한 아수라 지옥이 되고 맙니다.

다시금 자문해 봅니다. '나는 누구인가?' 나는 몸과 마음의 결합체입니다. '이 몸과 마음을 애착하는 마음에서 어떻게 벗어날 것인가?' 붓다는 몸을 관찰하고 마음을 관찰하라 합니다. 저는 오장육부가 아닌 사장오부로 살고 있습니다. 젊은 시절 급성 담낭염으로 쓸개를 떼어 냈지요. 그 후 살면서 맹장도 제거하고, 위도 제거했습니다. 아플 때는 이 모두 나이더니 떼 내고 버리니 내가 아닙니다. 쓸개도 위장도 모두 내가 아니고 내 것이 아니라는 명백한 증거이지요. 붓다는 수많은 세포와 조직과 장기, 분비물과 미생물로 구성된 몸과 수많은 생각과 잡념, 감정으로 구성된 마음을 비추어 보라 합니다. 이것들 하나하나를 나라고 할 수 있는지 자문하는 것입니다. 평상시 마음은 보고 듣고 만지는 오감에 기초하여 인지하고 반응하는 작용입니다. 나아가 오감과 독립된 정신의 기능이 오감이 받아들인 자료를 바탕으로 온갖 편집을 하여 다양한 의식 세계를 전개합니다. 정신 기능 가운데 기억과 의도는 우리의 의식을 결박하는 조건입니다. 기억에 의해 과거에 묶이고 의도에 의해 미래가 창출됩니다. 우리의 삶은 기억과 경험에 의해 결정되고 의도에 의해 창조된다고 할 수 있습니다. 그래서 기억과 의도를 잘 관찰해야 하는 것입니다. 아픈 기억과 선하지 못한 의도를 자각하고 내려놓지 못하는 한 윤회의 고통은 멈추지 않습니다. 이 고통에서 벗어나려면 오온(몸과 마음)을 비추어 보아야 합니다. 몸과 마음을 지혜로 깊이 바라보면 몸과 마음에 대한 집착을 내려놓을 수 있고 나아가 어떤 신념에도 머물지 않는 자유로운 마음이 됩니다.

* 지혜에 이은 감사와 사랑, 자비 실현

앞서 살펴보았듯 "내 것이거나 나라고 하면 이 모두를 통제할 수 있어야 한다."고 붓다는 강조합니다. 태어나고 늙고 병들고 죽는 것을 신이나 운명이 주재하는 것은 더욱 아닙니다. 코로나19 사태가 이러한 사실을 극명하게 보여 주었습니다. 삶의 문제가 내가 통제하거나 절대자가 주재하는 게 아니라 원인과 조건이 있어, 인연에 따라 생겨나고 사라지는 것들이라면 모든 것을 구름처럼 바라볼 일입니다. 구름은 구름일 뿐 하늘이 아니듯이 몸과 마음도 몸과 마음일 뿐 모두 내가 아니고 내 것이 아니라는 것이 붓다의 무아입니다. 우리의 본래 면목은 허공과 같아 모든 것을 벗어나 있지만 모든 것으로 형상화될 수 있기 때문입니다. 나를 비운 이는 상대의 아픔과 기쁨을 공감하고 차별 없이 수용하는 자비로운 마음을 실현합니다.

지혜와 자비에 의해 탐욕과 분노를 제거하고 청정한 마음이 되면 내면의 평화와 함께 행복한 사회가 구현됩니다. 삶의 매 순간 알아차림의 빛을 비추면 어떤 불행도 어떤 먹구름도 깨달음의 대상일 뿐 장애가 되지 못합니다. 내면의 지혜가 깨어나기 시작하면 사랑과 연민이 연꽃처럼 피어나고 관계가 정립됩니다. 모든 것과 연결되어 있음을 깨닫고 에고이즘에서 벗어나 한 가족이 되어 살아야 함을 깨우쳐 준 자성불(내면의 지혜와 자비)에게 감사드리고 자성불과 친구처럼 대화 나누고 어려움을 호소하면 가피(은총)를 경험하게 됩니다.

중생의 고통이 있기에 붓다의 깨달음이 있습니다. 삶의 고통을 행복으로 바꾸는 바른 방법을 깨우쳐 주기 위해 붓다는 이 땅에 출현한 것입니다.

동체대비의
마음

잠시 멈추고 눈을 감고 호흡을 바라봅니다.

현재 마음을 바라봅니다.

'지금 에고가 뭐라고 말하고 있지?'

알아차린 것이 무엇이든 거기에 이름을 붙여 보세요.

그 각각에 '이것이 내 것인가?', '이것이 나인가?' 하고 질문해 봅니다.

에고의 작용들을 바라보며 '이것은 진정한 내가 아니고, 내 것이 아니다'라고 선언합니다.

충분한 시간을 두고 숙고합니다.

※ 명상 중 경험과 깨달음을 기록합니다.

....

....

....

....

....

....

27
참된 본성으로 돌아감,
자귀의

태자 싯다르타는 지극히 풍족하고 행복한 삶 가운데서도 내면
의 공허함이 채워지지 않자 수행자의 길을 결행합니다. 왕성을
떠나 6년간 여러 명상 스승으로부터 깊은 선정을 체득하였지만
만족하지 못했습니다. 마지막으로 극한 고행을 해 보았지만 역
시 깨달음에 이르지 못하였지요. 싯다르타는 다시금 마음을 새
롭게 먹습니다. 네란자라 강가에서 오랜 고행으로 뼈와 가죽만
남은 몸을 씻고 유미죽 공양을 받으며 몸을 회복했습니다. 그러
곤 보리수 나무 아래 앉아 "내가 고행을 중지한 것은 참으로 잘
한 일이다. 고행은 무익했다. 태자 시절, 고통이 어디서 비롯되
는지 사색에 잠겼었는데 이제 그 사유를 더 깊이 해 보자." 하고

생각하였지요. 심신이 경안하고 마음이 잘 집중된 상태에서 고통의 연원을 탐구하기 시작하였습니다. 마침내 고통의 뿌리가 무지로부터 비롯됨을 깨닫고 무지가 사라지자 고통의 원인인 갈애와 집착도 남김없이 사라짐을 깨달았습니다. 싯다르타가 붓다가 된 순간 새벽 별은 찬연히 빛나고 있었습니다.

붓다가 입멸한 후 붓다의 가르침을 다양하게 해석하면서 불교를 이해하기 어렵게 되었습니다. 깨달음도 신비화되고 삶과 멀어져 버렸지요. 학자와 수행자들 사이에 이론이 분분하고 '무아'마저 유무의 상대적 시각에서 논하는 잘못을 범하고 있습니다. 붓다 재세 시에는 제자들이 잘못 이해하고 논쟁하면 붓다가 바로잡아 주었고 제자들은 모두 붓다의 가르침에 승복하였습니다. 그래서 불자라면 붓다가 45년간 설한 깨달음의 가르침에 의지해야 합니다. 초기경전『니카야』를 정독하고 숙고함이 필수적인 이유입니다.

* 깨달음이란 무엇인가?

깨달음을 이야기하기 전에 무지를 먼저 이야기해야 합니다. 무지함을 깨달아야 하기 때문이지요. 무지는 자신에 대해 알지 못하고, 자신의 고통이 어디서 비롯된 줄 모르고, 내가 아닌 남과 환경에 탓을 돌리고, 화내고 원망하고 시비를 다투기를 반복하는 것을 말합니다. 따라서 자신이 알지 못하고 있음을 먼저 깨달아야 합니다. 무지는 괴로움의 발생과 소멸에 대해 분명히 알지 못함이라고 『맛지마 니카야』는 말합니다. 괴로움이 어떻게 생겨나는가를 알지 못하면 괴로움의 해결책도 알지 못한다는 것이지요.

전통적으로, 고통은 외부에서 주어진 것으로 보아 왔습니다. 분노와 혐오도 상대방이나 대상이 준 것이고 탐욕과 갈망도 대상 탓으로 여겼지요. 그래서 환경을 바꾸고 상대를 고치려 듭니다. 책임이 외부에 있다고 생각하고 절대자에 의지하는 길이 그 대표적 해결책이지요. 이렇게 해서 고통이 해결된다면 그것이 바른 견해이겠지만 고통은 바깥을 다스려 해결되지 않았습니다. 붓다의 가르침을 요약하면 이렇습니다.

눈과 형상이 접촉하여 '봄'이 생길 때 고통은 없다. 눈도 형상도 고통이 아니다. 봄이라는 인식이 일어날 때 느낌이 생겨난다. 이 느낌이 좋은 느낌 싫은 느낌으로 경험될 때 에고는 '갈애-집착' 반응과 '혐오-배척' 반응을 일으킨다. 이 두 반응이 여섯 감각계에서 반복하여 일어나면서 자아(에고) 의식이 생겨난다. 이 에고의 반응이 고통을 만들어 낸다. 『맛지마 니카야』에 의하면 무지의 정체는 나라는 환상(망상)이다. 명상이 깊어져 몸과 마음에 대한 평등한 관찰력이 커지면 '나'라는 환상과 에고의 오

랜 관습인 갈애-집착과 혐오-배척 반응이 사라진다. 나라는 환
상(전도몽상), 나라는 자아의식이 소멸되면 고통이 소멸된다.

이것이 붓다가 깨달은 연기법의 핵심입니다. 붓다가 깨달은 후
천신과의 대화에서 에고의 즐거움에 대한 집착과 싫음에 대한 혐
오가 소멸된 여정을 이렇게 읊었지요.

"나는 참으로 머물지 않고 애쓰지 않고 거센 흐름을 건넜다.
내가 머물 때는 가라앉았고 내가 애쓸 때는 휩쓸렸다."

_『상윳타 니카야』

고통은 자신이 만든 것이라는 붓다의 성찰은 의식의 혁명이요
사고의 전환입니다. 고통 해결의 키가 자신에게 있음을 선언한 것
입니다. 외부 절대자나 주재자가 행복과 불행을 만들어 준 게 아니
므로 고행이나 선정, 기도만으로는 해결될 수 없고 오직 관조와 숙
고를 통해 해결 가능하다는 것이지요. 명상을 통해 좋은 느낌에 머
물지 않고 싫은 느낌에 다투지 않는 평정심으로 사노라면 에고에
매인 해묵은 습관들에서 벗어나 에고에 속지 않고 휘둘리지 않는
깨어난 삶이 됩니다. 바깥에서 해결책을 찾다가 자기 자신을 돌아
보고 그동안 자신의 문제를 밖으로 투사하여 왔음을, 외부의 문제

가 아니라 자신의 문제였음을 비로소 깨닫는 것이고, 자신의 성찰되지 않은 욕망으로 비교 평가하면서 분노와 원망을 일삼는 에고의 어리석음을 자각하는 것입니다.

✱ 깨달으면 어떻게 되나?

고통의 조건인 탐욕과 분노를 깊이 성찰하여 자각하게 되면 고통을 불러일으킨 대상(사람 또는 상황)에 대한 원망이나 증오는 물거품처럼 꺼지고 대신 용서와 사랑, 그리고 감사의 마음이 샘솟게 됩니다. 그 모든 것이 은인이고 축복이었음을 깨닫게 되지요. 봉숭아 씨앗이 까맣게 영글어 터지기까지 오랜 시간과 햇빛과 수분, 영양이 필요하고 빗물이 바다에 이르려면 산속 깊은 골짜기 옹달샘으로부터 계곡물, 천과 작은 강줄기에 이어 큰 강물이 되어 바다에 이르는 것처럼 깨달음에 이르는 과정도 이와 같습니다.

나라는 망상(에고)에서 깨어나면 겉모습은 변함없을지라도 의식은 변하여 어둠에서 밝음으로, 번민에서 환희로 변합니다. 삶의 파도에 좌우되는 것이 아니라 삶을 부리며 매 순간 주인공이 됩니다. 누구의 삶이 아닌 나 자신만의 삶을 살게 됩니다. 불만에서 자족의 삶을 살게 되고 늘 같던 무의미한 나날들이 새롭게 다가오지요. 받으려고만 하고 조금이라도 부족하면 원망하던 삶에서 사소한 것에도 감사하는 삶이 됩니다. 모든 것들로부터 받은 이 몸과 마음이기에 모든 것들에 돌려주는 삶이 되고 자신을 깊이 사랑하고 존중하게 됩니다. 모두를 동등하게 대하게 됩니다. 외적인 신불에 예경하는 것이 아닌 나 자신과 모든 존재를 예경하는 것이지요. '자귀의自歸依'는 자기 자신을 공부 재료로 삼는다는 수행적인 의미 외에 본래 부처인 자신에게 귀의함이며 내면의 참된 불성으로 돌아감입니다.

불성은 내면의 지혜와 자비로서 인격적으로 표현하면 내면의 안내자요, 자신의 수호불(자성불)이요, 신성입니다. 아무리 힘든 상황에서도 나를 버리지 않고, 잘못을 저질러도 나의 모든 것을 그대로 허용하고 인정하는 신성한 어머니의 품과 같은 존재이지요. 관세음보살이요, 성모마리아입니다. 신성은 늘 자기 자신을 부드럽게 바라보고 안아 줍니다. 무한한 자비가 우리 안에 본래 갖추어져 있습니다. 그 귀함을 깊이 자각하지 못하고 있을 뿐입니다.

불성으로 깨어나 자비로운 지혜로 살면 이미 구원입니다. 남의 허물이 보이는 대신 남의 상처가 보이면 구원입니다.

감사와 사랑으로 살아지이다.

내면의 신성
시각화

혼자서 하는 마음공부는 자칫 지루해져 잡념 등의 장애와 감각적 유혹에 쉽사리 휩쓸리곤 합니다.

어려움이 있을 때마다 내면의 불성(신성)과 대화하십시오.

티베트 불교에서는 '리그파'라고 부르는 마음의 본성인 불성에 머물러 존경하는 영적 스승을 면전에 떠올리거나, 불성(신성)을 영상으로 시각화하기도 합니다.

관세음보살, 예수, 성모마리아 등 수호신(수호불)을 떠올려 봅니다.

이미지 시각화가 잘 되지 않을 경우 빛으로 시각화해도 좋습니다.

무색무취의 공으로 둬도 좋습니다.

불성이나 신성은 본디 형상도 없고 이름도 없으므로 어떤 형상이나 이름으로도 가능합니다.

어느 것도 아니지만 모든 것이 될 수 있기 때문입니다.

이제 눈을 감고 여러분의 신성이 가슴속에 확고히 자리잡아 늘 함께함을 느껴 보세요. 충분히 숙고 합니다.

지극한 감사와 사랑을 엎드려 표합니다.

※ 명상 중 경험과 깨달음을 기록합니다.

....

....

....

....

....

....

나
가
며

오랜 시간 코로나가 기승을 떨치고 있습니다. 서민과 영세 사업자들은 나날이 생존과 사투해야 하는 압박에서 벗어나지 못하고 있습니다. 삶이 이리도 힘든가 차라리 죽는 게 낫겠다는 사람들을 돌보는 직업상 '삶은 고통이다'라고 갈파한 붓다의 연민이 새삼 가슴에 사무치는 시절이기도 합니다. 예나 지금이나 중생의 고통은 여전하고 붓다의 깨우침은 그 어느 때보다 절실하기에 붓다의 진의를 현대어로 통역한다는 각오로 이 책을 탈고합니다.

명상을 좁은 의미로 쓰면 고요와 침묵, 집중과 삼매, 무념무상, 평화와 지복감, 자연과 우주와 일체감, 연결감, 조건 없는 자비심과 평정심으로 표현할 수 있습니다. 이는 명상으로 도달되는 선정의 세계이기도 하지요. 그러나 명상은 이보다 더 넓고 깊은 의미가 있습니다. 그것을 일깨워 준 이가 붓다입니다. 그는 요가 명상의 가장 높은 단계의 선정 체험을 했지만 선정에서 깨어나 일상으로 돌아오자 삶의 허무함과 인간 관계에서 비롯된 갈등과 애증에서 완전히 벗어나지 못함을 깨닫고 이 괴로움의 원천을 깊이 사유하기 시작하여 마침내 바른 깨달음에 이릅니다. 다시 말해 선정 명상에 사유 명상을 추가한 것인데 그 깨달은 내용이 연기법입니다.

붓다가 깨달은 연기법은 12연기로 도식화되었는데 그 깊은 의미는 선정만으로는 얻을 수 없고 교학적으로 이해한들 고통을 해결하기 어렵습니다. 오직 삶의 고통을 깊이 성찰하여 고통의 원인인 집착을 발견해야 하고 그 집착의 상세한 모습을 깊이 들여다 보아야 고통으로부터 근원적으로 벗어날 수 있기 때문입니다.

이 책은 붓다의 연기법이 불교학적 서술만으로는 붓다의 진의를 드러내지 못함을 보고 현대의 심리 치료적 관점에서 재조명할 필요성을 절감하여 집필하게 된 것입니다. 불교와 명상에 대한 각종 책들이 쏟아져 나오는 가운데 '인류 최초의 정신과 의사였던 붓다는 마음의 고통을 어떻게 바라보고 해결하려 했을까?'라는 질문에 대한 답을 찾아가는 기나긴 여정을 마칩니다.

붓다의 깨달음은 종교와 무관하게 인간의 욕망과 분노에 대한 깊은 성찰과 그 본질을 꿰뚫는 숙고에 의해서 탄생합니다. 이 깊은 성찰과 사유 없이 삶의 고통에 대한 근원적 해결은 없습니다. 선정이 강조된 기존 명상에 더하여 우리 모두 갖추고 있는 반야 지혜의 눈으로 비추어 보는 법을 삶 속에 적용할 것을 요구합니다. 세상의 구원도 영적 각성 없이는 불가능하기에 부디 이 책을 접한 모든 이들에게 영적 각성과 깨달음이 현전하여 삶을 온전히 즐길 수 있기를 기도합니다.

외향적 좌선만이 명상이 아니고 일상생활이 모두 명상이 될 수 있음을 자각하게 되고, 외부에만 푸른 하늘이 있는 게 아니라 우리 모두의 내면에는 구름 한 점 없는 하늘이 존재함을 깨달아지이다. 마침내 우리는 별개의 존재가 아닌 연결된 한 몸임을 자각하여 자신과 이 세상 모두를 존중하고 사랑하기를 기원합니다.

2022 봄의 문턱에서
운강 두 손 모음

깨달음의 길 숙고 명상

알아차림 너머 삶을 바꾸는 내면의 지혜

© 최훈동 2022

초판 1쇄 발행 2022년 3월 2일
초판 2쇄 발행 2022년 8월 16일

지은이 최훈동

펴낸이 오세룡
편집 유지민 전태영 박성화 손미숙
기획 최은영 곽은영 김희재 진달래
디자인 [★]규
　　　고혜정 김효선 박소영
홍보·마케팅 이주하

펴낸곳 담앤북스
주소 서울특별시 종로구 새문안로3길 23 경희궁의아침 4단지 805호
대표전화 02)765-1250(편집부) 02)765-1251(영업부) **전송** 02)764-1251
전자우편 damnbooks@daum.net
출판등록 제300-2011-115호

ISBN 979-11-6201-350-2　　03190

정가 15,500원